LA PROPRIÉTÉ IMMOBILIÈRE EN ALGÉRIE

COMMENTAIRE

DE LA LOI DU 26 JUILLET 1873

LA
PROPRIÉTÉ IMMOBILIÈRE

EN ALGÉRIE

COMMENTAIRE

de la loi du 26 juillet 1873.

par M. Eug. ROBE

Avocat à la Cour d'Appel d'Alger, ancien bâtonnier

ALGER

JUILLET SAINT LAGER, IMPRIMEUR DE LA VILLE

1875

COMMENTAIRE

de la Loi du 26 juillet 1873

TITRE Ier.

Dispositions générales

« ARTICLE 1er.

« L'établissement de la propriété immobilière en
« Algérie, sa conservation et sa transmission con-
« tractuelle des immeubles et droits immobiliers,
« quels que soient les propriétaires, sont régis par
« la loi française.

« En conséquence, sont abolis tous droits réels,
« servitudes ou causes de résolutions quelconques,
« fondés sur le droit musulman ou kabyle, qui se-
« raient contraires à la loi française.

« Le droit réel de chefaâ ne pourra être opposé
« aux acquéreurs qu'à titre de retrait successoral,
« par les parents successibles, d'après le droit mu-
« sulman et sous les conditions prescrites par l'ar-
« ticle 841 du Code civil. »

SOMMAIRE :

1. — La loi faite au profit de la propriété indigène (arabe ou kabyle) repose sur deux principes généraux : le premier, c'est l'application de la loi française à la terre indigène (art. 3, Code civ.); le second, c'est la reconnaissance de la propriété privée et la constitution de la propriété individuelle avec délivrance de titres par l'État, en exécution de l'article 2 du sénatus-consulte du 22 avril 1863. L'article 1er de la loi nouvelle contient, d'une manière générale et sauf les restrictions énoncées en l'article 2, le premier de ces principes.

Nous ne croyons pas utile de faire l'analyse grammaticale et juridique des expressions dont la loi se sert pour indiquer son but et sa pensée. Les substantifs *établissement, conservation* et *transmission*, bien que s'appliquant rigoureusement à trois phases distinctes du droit de propriété, n'ont été employés et réunis par le législateur que pour exprimer énergiquement une même idée, à savoir : que le principe doit être appliqué dans toute sa plénitude et sans réserves, tant en ce qui touche la forme qu'en ce qui touche le fond du droit.

2. — Par les ordonnances des 10 août 1834, 26 septembre 1842 et 1er octobre 1844, les indigènes, tant israélites que musulmans, avaient été maintenus, pour les transactions immobilières

qu'ils passaient entre eux, et à titre de faculté, dans le bénéfice de leurs statuts réel et personnel. La loi du 16 juin 1851, par son article 16. supprima implicitement, mais virtuellement, le statut réel mosaïque, et conserva celui du Coran ; de sorte que les ventes, les baux, les échanges, les donations, les testaments et tous autres actes translatifs de droits réels entre indigènes musulmans, simplement régis par la loi musulmane qui, déclarant le contrat valable et complet par l'accord des volontés, admet indistinctement pour le prouver la preuve littérale ou la preuve testimoniale, pouvaient (et c'était presque toujours ainsi dans beaucoup de contrées) n'être accompagnés d'aucune formalité et d'aucune condition propres à assurer les transactions et à garantir les tiers contre la fraude ou l'erreur. La publicité de nos lois est méconnue dans les usages musulmans ; un acquéreur de bonne foi peut être soumis, après deux ou trois années de possession, à une action en revendication introduite par un acquéreur antérieur n'ayant d'autre titre qu'un acte de notoriété.

La Jurisprudence algérienne, après avoir jugé en principe que la preuve testimoniale est supérieure à toutes les autres preuves (arrêt du 20 janvier 1852) et que les actes immobiliers passés entre indigènes, bien que non enregistrés ni transcrits, sont opposables aux tiers européens porteurs d'actes authentiques réguliers (arrêt du

19 mars 1862, confirmé par arrêt de cassation du 13 décembre 1864, *(Journal de la Jurisprudence* de la Cour d'Alger, 1862, p. 97 et 218) a cherché à réagir contre le danger d'une semblable doctrine, soit en appliquant la loi du 23 mars 1855 sur la transcription (arrêt du 4 avril 1868. *Ib.* 1864, p. 45), soit en donnant la priorité à l'acte enregistré ou authentique (arrêt du 18 août 1866. *Ib.* 1866, p. 271), soit en déclarant insuffisante la justification du contrat indigène ; mais, cette réaction n'était qu'une tendance contraire aux principes, une manière d'éluder, par la jurisprudence, une loi défectueuse et un appel au législateur ; elle ne pouvait créer qu'une solution transitoire ; c'est à cette solution transitoire que la loi nouvelle met fin en substituant, en ce qui touche le sol, la loi réelle de nos codes à la loi réelle de l'Islam.

Outre l'avantage d'une publicité et d'une authenticité garantissant la certitude du contrat, cette substitution d'un statut à un autre a encore celui de faire disparaître ces droits variés et multiples dont la tradition et la pratique musulmanes s'étaient ingéniées à grever le sol.

Ainsi donc, à partir de la promulgation de la loi nouvelle, les contrats relatifs aux immeubles appartenant aux indigènes musulmans sont régis par le droit commun, quelle que soit la nature de ces contrats, ventes, échanges, antichrèse, baux, etc.

Plus de distinction, en principe, entre les immeubles de toute l'Algérie, quant à la nationalité de leurs propriétaires et des parties contractantes ; plus de distinction entre les statuts immobiliers ; les indigènes, à cet égard, sont assimilés aux Européens et l'article 3 du Code civil leur est désormais applicable, tant au point de vue de l'établissement et de la conservation de la propriété que de sa transmission.

L'européen qui achète d'un indigène n'a plus à redouter les droits occultes créés par une législation obscure et inconnue ; il est comme s'il traitait avec un autre européen et pour une terre essentiellement française, toujours, bien entendu, dans les territoires et les cas où la loi est exécutoire.

3. — Par application de cette disposition fondamentale, les contrats immobiliers entre musulmans ne pourront plus être passés que dans les formes de la loi française, et les modes de preuve ne seront plus que ceux prescrits par la loi française ; de sorte que la preuve testimoniale est à jamais proscrite dans tous les cas où notre droit la proscrit, et le musulman qui voudra créer ou transmettre un droit ayant un caractère immobilier, devra recourir à l'acte authentique ou sous-seing privé dans les mêmes conditions que l'Européen. L'article 37 de l'ordonnance du 26 septembre 1842 est aboli en ce qui touche les contrats immobiliers entre indigènes. (Arrêt de la Cour d'Alger du 24 février 1875. — EZZOUAOUI C. BEN MARABET.)

Une autre conséquence du principe, c'est que les cadis deviennent incompétents pour juger les procès intéressant les immeubles qui passent sous le régime du droit français et rédiger les actes qui les concernent, que ces procès ou ces actes affectent le droit foncier ou seulement les jouissances et les produits. La liquidation des successions, en ce qui touche les facultés mobilières, leur appartient toujours, mais la partie immobilière est aussi soustraite à leur autorité. C'est en vain qu'on objecterait que l'art. 7 dispose qu'il n'est point dérogé *aux règles de successions des indigènes entre eux* ; car cette exception doit être limitée à l'ordre successoral, à la qualité et à la capacité d'héritier, ainsi qu'à la quotité disponible et à la part que chaque héritier recueille. Il y a là un côté intime de l'islamisme et de la famille que le législateur a cru devoir respecter, bien qu'il touche au statut réel ; mais, ce scrupule satisfait, la loi reprend tout son empire, et il n'y a plus que des immeubles soumis au droit commun sauf, bien entendu, par dérogation à l'article 3 du Code civil, que les parts des cohéritiers sur les immeubles peuvent être fixées selon les prescriptions du droit musulman. L'exception admise ne souffre aucune atteinte par le fait du notaire qui liquide et partage selon les attributions proposées par la législation musulmane, ou du juge qui décide sur ce point selon les règles de cette même législation. Le règlement de l'ordre successoral est indépendant des biens sur lesquels le droit des héritiers s'exerce ; et il est impossible de concevoir que des immeubles régis par la loi française relèvent du pouvoir des cadis exclusivement institués pour statuer et instrumenter selon la loi musulmane, et pour choses régies par la loi musulmane.

3BIS. — Bien que la loi vise plus particulièrement la propriété rurale, il n'est pas douteux qu'elle est aussi faite pour la propriété urbaine ; les transactions relatives à la seconde exigent tout autant de garanties de sécurité que celles relatives à la première.

4. — Le paragraphe 1 de notre article se lie intimement avec le paragraphe 2 : l'un est le corrélatif de l'autre. Du moment où on déclare que le sol est entièrement soumis au régime et au contrat de la loi française, il s'ensuit que tous les droits réels immobiliers, servitudes et causes de résolution de contrats immobiliers créés par la législation musulmane ou établis conventionnellement en vertu de cette seule législation cessent d'être reconnus.

4BIS. — Il n'y a que les *transmissions contractuelles* qui soient soumises à la nouvelle loi ; les *transmissions* unilatérales, c'est-à-dire celles par testament, continuent à demeurer sous l'empire de la loi musulmane.

Le testament est un moyen fréquemment employé par les indigènes pour transmettre la propriété ; il est regrettable que le législateur l'ait maintenu avec les facilités dangereuses de l'acte de notoriété et de la preuve testimoniale, sans certitude et sans publicité. Cependant, ce n'est là qu'un inconvénient secondaire pouvant bien nuire à la sincérité des actes et exposer les véritables légataires à se trouver en lutte avec des porteurs de testaments suspects, résultant de témoignages complaisants, mais il ne saurait toucher ni les acquéreurs du testateur, ni ceux des légataires ; car la terre est aux mains de ces derniers dans les conditions où elle était avant l'ouverture de la succession ; elle est toujours, et dans tous les cas, soumise à loi ordinaire pour la translation par contrat.

5. — Il est facile de reconnaître les droits réels, servitudes et causes de résolution atteints par la loi ; voici quelques-uns des principaux droits réels :

6. — C'est d'abord le *cheffaâ*. Le cheffaâ, ou préemption, est la faculté dont jouit le copropriétaire indivis d'un immeuble (le rite hanefi l'accorde aussi au voisin), de se faire substituer au bénéfice de l'acquisition qu'a faite un étranger de la part d'un autre copropriétaire. Par sa nature, les conditions et l'étendue de son exercice, le

cheffaâ est un droit propre, distinct et particulier à l'islamisme ; c'est à tort qu'on l'a souvent confondu avec le retrait successoral réglé par l'article 841 du Code civil. Le législateur de 1873 paraît avoir fait lui-même cette confusion, car il a cru devoir ajouter un paragraphe à l'article 1er pour réduire le cheffaâ aux limites du retrait, disposition qui était fort inutile, puisque ledit art. 841 était une conséquence nécessaire de l'application de la loi française au sol musulman.

La faculté du retrait n'appartient qu'aux successibles d'après la loi musulmane.

7. — C'est le *tenia* (retour). — Le tenia est un contrat par lequel le propriétaire d'un immeuble le remet à son créancier qui en jouit jusqu'au jour du paiement. Le tenia n'est pas une vente à réméré, dans le sens que nos lois attachent à ce contrat, car il ne transmet pas le droit de propriété au créancier ; ce n'est pas non plus une antichrèse proprement dite, bien qu'il s'en rapproche beaucoup ; c'est encore un contrat d'une nature particulière à la doctrine et aux usages islamiques. Il saisit le créancier du droit de posséder l'immeuble et de percevoir les fruits en compensation de la jouissance du capital qu'il prête à son débiteur. Son trait caractéristique, c'est qu'il accorde, à moins de stipulations contraires, au débiteur, la faculté de rembourser son créancier et de reprendre son immeuble, quand bon lui semble, à sa

volonté ; de sorte qu'après 30, 40, 60 ou 100 ans d'une possession publique et entière, la terre ne cesse pas d'être grevée du droit de retirement, entre les mains de l'antichrésiste.

La garantie hypothécaire est inconnue chez les indigènes. D'un autre côté, la loi religieuse musulmane, par une erreur économique que nos lois canoniques ont aussi partagée, proscrit le prêt à intérêt : d'où il suit que le tenia, précisément inventé pour suppléer à ces deux contrats, est fort usité chez les indigènes.

8. — C'est le *habbous*. — Le habbous est un moyen particulier, pour le musulman, de transmettre ses biens d'après un ordre dévolutif de son choix et dont le caractère a quelque analogie avec celui de nos anciennes substitutions. A l'origine, c'était une institution d'une nature essentiellement pieuse portant exclusivement sur la *jouissance*, le droit foncier étant réservé à Dieu, c'est-à-dire à des établissements de piété, ou aux villes saintes de la Mecque et de Médine ; peu à peu il tendit à dévier de son origine sainte et à n'être plus qu'un moyen profane d'exhéréder les héritiers légitimes, particulièrement les femmes, de laisser les biens dans la ligne masculine, et quelquefois d'apanager les aînés.

Dans tous les cas, le caractère du Wakf est d'être essentiellement indivisible.

Depuis l'ordonnance du 1er octobre 1844 et le

décret du 30 octobre 1858 qui enlevaient à la terre
habbous son caractère inaliénable et main morta-
ble au profit de tout acquéreur, cette institution
avait tout à fait perdu son originalité et sa raison
d'être : aussi, depuis lors, elle n'était en réalité
plus qu'un acte testamentaire ordinaire.

Soit qu'on apprécie le habbous au point de vue
du droit musulman pur, ou au point de vue de la
législation algérienne, soit qu'on le considère
comme affectant le fond, soit enfin qu'on ne l'ad-
mette que comme portant sur la jouissance, il est
hors de doute qu'il constitue un démembrement de
la propriété, par conséquent un véritable droit réel,
dans le sens juridique des mots et qu'il est désormais proscrit par notre loi. La Chambre musulmane de la Cour d'Alger, par un arrêt du 25
mars 1874, a néanmoins jugé le contraire. Le motif
unique de l'arrêt, c'est que le habbous *fait partie
de l'ordre successoral des musulmans, expressément maintenu par l'art. 7.* — Mais cette appréciation est erronnée, car le habbous ne saurait être
considéré comme un élément de l'ordre successoral ; — aucun lien ne le rattache aux successions, dont il est tout à fait indépendant. Il est
vrai que le droit n'est quelquefois ouvert au profit des institués qu'au décès de l'instituant ; mais
ce n'est là qu'un terme préféré, une échéance ;
l'ouverture de l'institution pourrait avoir un autre
terme, une autre échéance, du vivant même du
constituant ; bien plus, c'est que la règle posée

par la plupart des docteurs qui ont écrit sur la matière exige ou permet que le Wakf reçoive son exécution du jour où il est fait ; d'où il suit qu'on ne saurait l'assimiler au testament dont le caractère particulier est d'affecter l'hérédité du testateur. S'il était besoin de lui trouver un trait d'analogie avec un acte quelconque du droit français, ce serait bien plutôt avec la donation entre vifs qui constitue cependant une institution bien différente. La matière successorale comprend (*suprà n° 3*) la quotité disponible, le droit, le rang et la capacité des héritiers, mais nullement une disposition dont le principe est un sentiment de piété, qui se réalise au moment où elle a lieu, par laquelle le disposant se dépouille de son vivant, ne touchant en aucune manière à l'hérédité, ou plutôt n'y touchant que pour amoindrir son actif, exactement comme l'amoindrit une aliénation ordinaire.

On comprend la réserve de l'article 7 au profit de l'ordre successoral des indigènes ; il s'agit là d'une matière qui est bien du statut réel, mais qui touche par plusieurs côtés à l'Etat civil, au statut personnel : l'état économique de l'Algérie est fort intéressé à la suppression de tout ce qui peut nuire à la liberté, à la facilité et à la sécurité des transactions immobilières, mais il l'est moins lorsqu'il ne s'agit que de savoir si un individu pourra disposer d'une quotité plus ou moins grande au préjudice de ses héritiers légitimes, et si ses biens seront répartis au profit de ces derniers dans des proportions plus ou moins égales ; ce point ne lui est sans doute pas indifférent, mais c'est dans un autre ordre d'idées, dont il n'a pas à s'occuper pour le moment et qui viendra à son heure.

9. — La même Chambre musulmane a maintenu sa jurisprudence par un autre arrêt du 2 mars 1875. Voici cet arrêt :

Attendu, en ce qui concerne la succession immobilière, qu'une première question se présente, c'est celle de savoir si les parties n'auraient pas dû être renvoyées devant les tribunaux civils français ; que c'est ce que soutiennent devant la Cour lesdits Ali, Mustapha et Kaddour ; — Qu'ils excipent, à cette occasion, des dispositions de l'article 1er de la loi du 26 juillet 1873, sur la propriété en Algérie, aux termes de laquelle toute contestation sur la transmission contractuelle des biens est de la compétence de susdits tribunaux ; — Qu'il s'agit donc d'examiner si ledit article est ou non applicable à la cause ; — Attendu, à cet égard, qu'il suffit de le lire attentivement pour voir que l'on veut lui donner une extension et une portée qu'il ne peut pas avoir ; — Qu'effectivement, par les expressions : transmission contractuelle, il est hors de doute que le législateur n'a pu avoir en vue que celles qui auraient lieu par contrat, c'est-à-dire par des actes dans lesquels on verrait figurer tout au moins deux personnes, stipulant chacune dans son intérêt personnel, et contrac-

tant l'une envers l'autre des obligations respectives ;
— Que ce n'est pas ce qui se passe en matière de
habbous, surtout lorsque, comme dans l'espèce, il est
fait suivant le rite hanafi, puisque le constituant
peut, dans ce cas, se réserver la jouissance des biens
qu'il immobilise et que la présence des bénéficiaires
après lui n'est, dès lors, nullement nécessaire à l'acte,
soit pour accepter, soit pour être mis en possession ;
que cela est tellement vrai qu'il est constant, qu'à
défaut d'enfants lors existants, il peut stipuler pour
ceux à naître ; — Qu'il est donc impossible de voir
dans le fait dudit habbous consenti par un individu
ne s'étant trouvé en face que de lui-même une transmission contractuelle dans le sens vrai de la susdite
loi ; — Que ledit article 1er n'est donc nullement applicable à la cause ; que bien loin de là, c'est dans l'art. 7
de la même loi qu'il faut puiser la solution de la difficulté actuelle ; — Que ce dernier article porte qu'il n'est
rien innové en ce qui touche les principes en matière
de succession ; que cela suffit pour que toute contestation entre indigènes, en matière de habbous, demeure
de la compétence des tribunaux musulmans ; — Qu'effectivement, les habbous étant appelés, en les modifiant le plus souvent, à régler les droits des héritiers,
il s'ensuit que ce n'est qu'à l'époque de l'ouverture
de la succession et à l'occasion des prétentions des-
dits héritiers que peut naître la question de savoir
s'ils doivent ou non être maintenus ; — Que c'est
donc là une question successorale, sur laquelle le
juge musulman a évidemment qualité pour statuer,
ce droit lui ayant même été exclusivement réservé
par la loi ; — Attendu, au reste, qu'il suffit de voir à

quelles conséquences singulières on arriverait, par suite du système plaidé par les appelants pour être convaincu qu'il ne peut en être autrement ; — Qu'ainsi, toutes les fois qu'une question de habbous se trouverait mêlée à une demande de partage, il faudrait que les indigènes eussent recours à deux juridictions, l'une qui statuerait sur les droits mobiliers, l'autre qui prononcerait sur ceux qui concerneraient les immeubles ; — Que ce n'est pas tout : qu'il y aurait, en outre, ceci de particulier : que pour le cas où le habbous serait annulé et où, dès lors, il n'y aurait plus d'obstacle à ce que le juge musulman pût juger, il faudrait revenir devant ce dernier magistrat qui, alors exclusivement compétent aux termes de la loi même que l'on invoque, aurait seul qualité pour statuer sur le fond du droit ; — Qu'il est impossible que le législateur de 1873 ait pu vouloir pareille chose ; que l'on en demeurera convaincu surtout si on considère la nature même des habbous et si l'on se pénètre de cette vérité que ce mode de disposer est tellement entré dans les mœurs des Arabes qu'il emprunte un caractère religieux; — Que c'est aussi pour cela que le législateur de 1858 a bien pu, dans l'intérêt des transactions, en modifier les conséquences, mais s'est bien gardé, ainsi qu'il le dit dans son rapport au chef de l'État, de porter aucune atteinte au principe lui-même; — Que celui de 1873 ne l'a pas voulu non plus; que sans cela, il s'en serait expliqué d'une manière nette et précise comme il l'a fait pour le cheffaâ; — Qu'il est donc vrai de dire que, dans l'espèce, l'appréciation du habbous, dont il s'agit, n'est autre chose qu'une question incidente dans une demande en partage, et que dès lors, touchant au principe même des successions, elle est de la compétence des juges musulmans… »

Oui, nous convenons avec l'arrêt que *c'est à l'époque de l'ouverture de la succession du constituant que peut naître la question de savoir si le habbous doit être ou non maintenu.* Mais, cette circonstance de temps ne saurait influer sur le caractère de l'institution ; c'est aussi à l'époque de l'ouverture de la succession du donataire que les donations entre vifs et quelquefois d'autres contrats, sont critiqués par les héritiers ; est-ce qu'il en résulte que ces actes sont compris dans la matière héréditaire ? Le décès du donateur fait naître le droit et l'intérêt des héritiers ; c'est l'époque où l'action peut être exercée ; cette action a pour objet de faire rentrer dans l'hérédité l'objet de la libéralité ; mais, la donation n'en était pas moins préexistante et étrangère à l'hérédité. Les héritiers peuvent aussi faire annuler une vente, un échange consentis par leur auteur et faire rentrer dans la masse partageable les immeubles qui en faisaient l'objet ; est-ce à dire que ces actes là se rattachent aussi à l'ordre successoral ?

Nous pourrions même ajouter que si les contestations sur les habbous se présentent ordinairement à l'ouverture de la succession, elles pourraient aussi se présenter du vivant du constituant, puisque l'institution est exécutée et doit même être exécutée du vivant du constituant, soit à son profit, soit au profit d'étrangers *(suprà* n° 8 et *infrà)*.

L'objection qui consiste à dire qu'il serait étrange d'obliger les indigènes à recourir à deux juridictions : l'une pour les droits mobiliers et l'autre pour les droits immobiliers ; de les obliger, en outre, de revenir devant le magistrat musulman après avoir fait annuler le habbous par le juge français, nous prouve que l'opinion que nous défendons ne peut être repoussée que par suite d'un défaut d'étude et d'examen suffisants. En effet, en quoi l'objection présentée a-t-elle trait au sujet ? Pourquoi cette promenade des héritiers d'un magistrat à un autre magistrat ? La situation, si on veut y réfléchir, est bien simple ; la voici : Les habbous n'existant plus, tous les biens du *de cujus* sont melk et partagés entre les héritiers dans les proportions de la loi musulmane. Le cadi continue à être compétent pour la liquidation des facultés mobilières ; mais, par les raisons indiquées plus haut, *(suprà* n° 3), il est sans compétence pour partager les facultés immobilières et statuer sur les difficultés qui s'y rapportent. Si un individu, héritier ou étranger, invoque un acte de habbous pour les immeubles, c'est naturellement aux tribunaux français qu'il appartient de statuer, et après le jugement on ne retourne pas devant le cadi qui n'a pas été saisi de la liquidation, mais devant le notaire, ainsi que l'on fait chaque jour. Il n'y a là ni étrangeté, ni complication.

L'appelant qui invoquait l'application de la loi nouvelle soutenait que le habbous constituait une *transmission contractuelle* de biens immobiliers. Ce moyen se confond avec celui tiré du caractère de *droit réel* de l'institution, et, c'est à tort que l'arrêt y répond séparément, les deux moyens n'en font qu'un, ou plutôt ce ne sont que deux idées corrélatives. Le droit créé par le habbous constitue un droit réel, comme celui créé par la vente et le bail, et l'acte qui le comprend est un acte de transmission aux dévolutaires, et, nous ajouterons, de *transmission contractuelle*, contrairement à l'avis de l'arrêt. En effet, la stipulation du habbous doit, à peine de nullité, être acceptée par le premier institué ; bien plus, il est nécessaire que celui-ci entre en possession dès biens habboussés (SAUTAYRA, *t. II, p.* 390). Si le rite hanefite n'exige pas expressément cette condition, c'est parce qu'aux termes de ce rite, le premier institué est le constituant lui-même, ce qui bien loin d'exclure les conditions de l'acceptation, ne fait que les affirmer davantage

Ainsi donc, le habbous, comme les donations, implique nécessairement l'accord des parties contractantes ; de plus, il exige l'exécution de la stipulation.

Nous terminerons cette discussion en disant qu'après les actes législatifs de 1844, 1851 et 1858, le droit réel que le législateur de 1873 devait vouloir atteindre et voulait atteindre, en première ligne, devait nécessairement être le habbous.

10. — Quels sont le caractère et l'étendue de la disposition abolitive des droits réels de l'art. 1er ? Cette disposition s'applique-t-elle aux droits qui étaient établis à l'époque de la promulgation de la loi ? ou ne frappe-t-elle que l'avenir ?

Ainsi les habbous établis et appliqués avant la promulgation de la loi, continueront-ils à recevoir leur exécution ? Et si le habbous, bien que constitué, n'était pas encore ouvert, ou n'était ouvert qu'au profit du constituant, (le habbous au profit du disposant est autorisé par la doctrine hanéfite) l'immeuble grevé se partagera-t-il selon la loi héréditaire ou selon les prescriptions de l'acte constitutif ? en d'autres termes, tombera-t-il ou ne tombera-t-il pas dans l'hérédité ?

Une servitude est acquise sur un immeuble ; le fond servant et le fond dominant appartiennent à des indigènes et sont régis par la loi indigène ; cette servitude disparaîtra-t-elle comme ayant un caractère musulman ?

L'exercice du droit de résolution d'un contrat immobilier passé sous l'empire de la loi ancienne sera-t-il régi conformément à la nouvelle loi ?

D'autres hypothèses de même nature peuvent se présenter.

Le texte de la loi ne nous fournit aucun élément pour décider toutes ces questions d'un intérêt si grave dans la pratique ; il eût été désirable et conforme aux usages législatifs d'insérer un article final qui eût expliqué la volonté de la loi à cet égard et disposé d'après les exigences de la situation ; c'est ainsi qu'avait particulièrement fait la loi du 23 mars 1855 ; mais le législateur du 26 juillet 1873 n'a pas songé à cette précaution, ou le danger ne lui a pas apparu ; il faut donc recourir aux principes généraux.

S'il est de règle que les lois n'ont pas d'effet rétroactif, il faut ajouter qu'en général cette non rétroactivité ne s'applique qu'au fait accompli, qu'au droit définitivement acquis. Un droit n'est définitivement acquis qu'autant qu'il est ouvert, parfait ; qu'il ne manque aux actes qui l'engendrent le concours d'aucune circonstance et d'aucunes formalités complémentaires ; qu'il est entré dans notre patrimoine ; que tirant toute sa force du passé, il peut être exercé actuellement. — Si, au contraire, le droit était *en suspens*, à l'état *d'espérance* ou *d'expectative*, comme disent les auteurs, subordonné, par suite, à une condition dont l'accomplissement ou le non accomplissement dépend d'un tiers ou de la loi et non d'un contrat, on ne peut pas dire qu'il est entré dans notre patrimoine, et alors il se trouve saisi et modifié par la loi nouvelle. Ainsi, la propriété peut être acquise par une prescription décennale basée sur le juste titre et la bonne foi ; s'il intervient une loi nouvelle qui supprime ce mode de devenir propriétaire, elle empêchera toute prescription qui ne sera pas encore accomplie au moment de sa promulgation ; une possession, qui était sur le point d'accomplir sa dixième année, sera désormais inefficace et inopérante. Cette conclusion n'est pas en opposition avec le principe qui régit l'effet des lois, car la partie de la possession postérieure à la loi nouvelle est seule atteinte, celle antérieure reste entière et toujours réglée par la loi sous l'empire de laquelle elle s'est produite.

11. — L'institution testamentaire se trouve paralysée si, avant le décès du testateur, une loi vient, modifiant l'état-civil des parties, soit frapper d'incapacité le disposant ou le légataire, soit réduire la quotité disponible. Le droit du légataire n'était pas encore *acquis* puisque la succession n'était pas encore ouverte et, qu'en outre, jusques-là il était révocable.

12. — Il en est ainsi toutes les fois que la condition et l'incertitude dépendent exclusivement de la loi ou de la volonté d'un tiers ; mais on doit décider autrement lorsqu'il s'agit d'une éventualité contractuelle ; dans ce cas, le droit est acquis du jour du contrat, encore bien qu'il soit subordonné

à une condition dont l'accomplissement ou le non accomplissement dépend d'un changement de législation. La condition accomplie rétroagit au jour de la convention.

C'est d'après ces principes que nous déciderons du sort que notre loi réserve aux différents droits réels qu'elle veut atteindre.

13. — Pour ce qui est du habbous, si l'institution subordonnée au décès du constituant, n'était pas encore ouverte, il n'y pas de difficulté : elle devient caduque.

Les appelés, comme les légataires en matière de testament, n'avaient qu'une espérance ; le droit n'était pas encore acquis.

Il importerait peu que la disposition contint, comme il arrive quelquefois, une clause d'irrévocabilité ; car l'annulation ne procèderait pas du disposant, mais de la loi.

Si, au contraire, le habbous est en voie d'exécution, (et il doit être considéré comme étant en voie d'exécution lorsqu'il est fait d'abord au profit du constituant), il est bien certain que ceux qui auront recueilli le bénéfice, qui en auront été mis en possession, ne pourront pas être évincés ; leur droit est ouvert.

Mais, que décider du droit des appelés éventuels ? Le habbous continuera-t-il à recevoir son exécution dans l'ordre dévolutif qu'il prévoit ? ou bien, les biens habbous passeront-ils aux héritiers légitimes d'alors ? ou bien, encore, se-ront-ils consolidés à titre *melk* sur la tête des détenteurs ?

C'est encore en se reportant à la nature du Wakf que cette question doit être résolue.

Le *Wakf*, ainsi que nous l'avons déjà dit, n'est qu'un ordre de dévolution, un ordre de degrés, fixé par le constituant ; jusqu'à l'appelé définitif et incommutable, ce n'est qu'une série de substi-tués les uns aux autres, ou, pour parler plus exactement, d'institués les uns après les autres, sans qu'un lien de transmission existe entre les divers degrés ; chaque dévolutaire tenant son droit exclusivement du titre originaire, c'est-à-dire de la volonté du constituant..

Cela posé, nous devons conclure qu'il y a au-tant de substitution ou d'institution que d'appelés ou de catégorie d'appelés, et que le droit de ces derniers, toujours en suspens jusqu'à leur avè-nement, ne s'ouvre que le jour où ils recueillent le bénéfice, que le jour où la jouissance leur ar-rive ; que, par suite, le bénéfice des appelés éventuels et futurs se trouve atteint par la loi et le droit se trouve arrêté et consolidé d'une ma-nière définitive et complète sur la tête de ceux qui possèdent. Ce droit, qui ne s'appliquait en principe qu'à la jouissance, devient un droit ab-solu de propriété ; c'est ce que commande la logique et c'est ce que la législation algérienne a déjà décidé par anticipation dans l'ordonnance de

1844 et le décret de 1858 qui admettent, au profit du bénéficiaire possesseur, la faculté de vendre à un tiers le droit habboussé.

C'est, du reste, ce que la Jurisprudence a jugé à la suite de la loi du 25 octobre, 14 novembre 1792 qui a prononcé l'abolition des substitutions en France. — Il est vrai que cette loi exprime cette conséquence par une disposition spéciale, mais cette disposition n'était que l'application nécessaire des principes récemment proclamés sur la non rétroactivité des lois, qu'une sorte d'interprétation peut être inutile, mais que le législateur croyait devoir donner à cause du caractère particulièrement grave de la matière et du régime nouveau dans lequel on était entré.

14. — Le cheffaâ constitue une simple *faculté* qui ne peut constituer un droit acquis qu'autant qu'elle est exercée, bien que la vente soit antérieure à la loi.

Les facultés, pendant tout le temps qu'elles ne sont pas réalisées, sont incertaines et conditionnelles, ce qui fait que jusqu'à leur exercice, il n'existe qu'une éventualité, qu'une espérance que la loi peut atteindre. C'est ce principe que la Cour de cassation a appliqué par un arrêt du 4 avril 1842, à propos de la promulgation du Code forestier qui a aboli la faculté accordée aux usagers de demander le cantonnement en vertu de la loi du 28 août 1792.

15. — Il en est de même pour toutes les servitudes réelles soumises à l'exercice d'une faculté ou à une jouissance d'une durée déterminée qui ne serait pas encore accomplie.

Si, au contraire, la faculté avait été exercée et la jouissance efficace, le droit serait acquis, et alors il serait exclusivement régi par la loi qui l'aurait constitué ; cependant il pourrait être obligé de subir pour l'avenir certaines conditions de formalités, comme l'enregistrement, propres à garantir les tiers et la sincérité des contrats pour l'avenir.

16. — En matière de *tenia*, le débiteur aura-t-il le droit, comme le lui accorde en principe la loi musulmane, de payer sa dette à volonté et de laisser ainsi son immeuble aux mains de son créancier pendant un temps indéfini ? Cette question ne peut être résolue qu'affirmativement.

Il ne faut pas oublier que le droit de tenia n'est qu'un droit de jouissance, d'antichrèse, et non une vente à pacte de réméré ; par conséquent le délai de cinq années, dans lequel le rachat doit être exercé d'après le Code civil, ne saurait, de par la nouvelle loi, être imposé au tenia, de sorte qu'il n'y a, en réalité, qu'une dette avec remboursement facultatif et, comme accessoire, abandon corrélatif de la jouissance d'un immeuble ; or, cette stipulation est autorisée par la loi commune, et particulièrement par celle relative à l'antichrèse.

Il faudrait raisonner autrement s'il y avait une véritable vente avec pacte de rachat translative de propriété, avec stipulation en faveur du débiteur de la faculté d'exercer le rachat pendant un temps illimité ; dans ce cas, la durée de la faculté du rachat sera réduite à cinq années à partir de la promulgation de la loi.

Il est vrai que du moment ou c'est la loi du contrat qui règle les conditions de son exécution, on peut dire qu'on ne saurait priver le débiteur de l'indétermination du délai, alors que cette indétermination était légalement autorisée lorsque le contrat a eu lieu ; mais il est à observer qu'en appliquant au vendeur, et pour l'avenir seulement, le délai restrictif du Code civil, on ne revient pas sur le passé ; on n'enlève pas au vendeur ce qui lui est acquis ; ce qu'on lui enlève, c'est une faculté, c'est la durée d'une faculté qui n'a pas encore été exercée, et dont le bénéfice, par conséquent, ainsi que nous l'avons vu, n'est pas encore entré dans son patrimoine. Et puis la *conservation* des immeubles est désormais confiée à la loi française.

17. — En principe, c'est à la loi existante au temps où le contrat a été passé qu'il appartient d'en régler les formes intrinsèques et extrinsèques. Il en est de même du mode de probation,

lequel se rattache toujours à la forme et au fond; ce sont là des questions de droit et non des conditions de procédure. C'est ainsi que la Jurisprudence de la Cour suprême a constamment jugé dans les difficultés de ce caractère qui ont surgi lors de la promulgation du Code civil ; et pour ce qui est particulièrement de la preuve testimoniale, elle a décidé qu'elle devait être admise pour tous les faits et contrats antérieurs au Code, si la loi ancienne l'autorisait.

Si nous ne pouvions répudier ces règles dans l'application de notre loi pour tous les actes dont on ferait remonter la date à une époque antérieure à sa promulgation, la situation. pendant quelque temps encore, ne serait pas sans danger, car les contrats exclusivement consensuels entre musulmans, antérieurs à la loi, continueraient pour leur exécution, à jouir de la facilité de la preuve testimoniale ; il suffirait de reporter à une époque calculée, la date d'une donation ou d'une vente pour qu'une déclaration de témoins pût remplacer la preuve littérale ; mais, il n'en saurait être fort heureusement ainsi, car le dernier paragraphe de l'article 3 et l'article 19 viennent protéger les détenteurs de titres délivrés en vertu de la présente loi contre les contrats rétrospectifs et suspects ; quant aux autres, ils peuvent trouver leur sûreté dans l'accomplissement des formalités du titre III.

Il semble qu'il était inutile de dire que le retrait successoral s'appliquerait désormais entre cohéritiers musulmans, car, du moment où le statut réel de nos codes remplace celui de l'islam, l'article 844 du Code civil devient, de plein droit, applicable. La faculté du retrait est limitée aux parents successibles d'après la loi musulmane. Néanmoins, cette disposition s'explique à cause de l'article 7.

« ARTICLE 2.

« Les lois françaises, et notamment celle du 23 mars
« 1855, sur la transcription, seront appliquées aux
« transactions immobilières :
« 1° A partir de la promulgation de la présente loi,
« pour les conventions qui interviendront entre in-
« dividus régis par des statuts différents ;
« 2° A partir de la même époque, pour les conven-
« tions entre musulmans, relatives à des immeubles
« situés dans les territoires qui ont été soumis à
« l'application de l'ordonnance royale du 21 juil-
« let 1846, et dans ceux où la propriété a été consti-
« tuée par voie de cantonnement ;
« 3° Au fur et à mesure de la délivrance des titres
de propriété, pour les conventions relatives aux
« immeubles désignés à l'article 3 ci-après. »

SOMMAIRE :

18. *Les effets de la nouvelle loi sont aujourd'hui fort restreints. L'application de la loi est surtout une question d'avenir.*

19. *Le statut réel kabyle tombe sous l'application de la loi.*

20. *Les territoires dispensés de l'application de l'ordonnance de 1846 sont assimilés à ceux où l'ordonnance a été appliquée.*

21. *C'est la délivrance du titre qui supprime le statut réel musulman.*

21 bis *Les immeubles munis de titres notariés ou administratifs prévus à l'article 3 ne sont régis par la loi française qu'après l'opération de constatation du droit privé.*

22. *Nécessité de l'accomplissement des formalités prescrites par les articles 25 et suivants pour que les acquéreurs soient garantis contre les tiers revendiquants.*

18. — Les effets actuellement produits par la loi sont peu sensibles, et les territoires sur lesquels elle reçoit une application immédiate sont fort restreints.

L'application des lois françaises *aux conventions entre individus régis par des statuts différents* était un fait acquis.

La législation de 1834, 1842, 1844 et 1851 avaient provoqué et préparé ce résultat. Tous les contrats immobiliers entre musulmans et européens ou israélites étaient toujours ou presque toujours faits dans les formes et les conditions de la loi française. C'est ce fait que la loi nouvelle consacre en rendant obligatoire ce qui n'était que facultatif.

Il est bien entendu que les indigènes naturalisés

sont assimilés aux français d'origine.

Il en est de même en ce qui concerne les territoires qui ont subi les opérations prescrites par l'ordonnance du 21 juillet 1846, territoires morcelés, déchiquetés, quelquefois isolés ou enclavés, ainsi qu'on peut le voir par la carte qui en a été tout récemment dressée et dont la contenance ne dépasse guère 300,000 hectares. Cette ordonnance, dans les limites de son application, a obtenu l'un des principaux résultats que recherche la loi du 26 juillet 1873 sur tout le sol arabe, c'est-à-dire la fixation du droit de propriété par des titres certains appliqués à des surfaces fixes. Et, à cette occasion, nous ne pouvons nous empêcher de dire que si l'ordonnance de 1846, promulguée *il y a 28 ans*, avait continué à être exécutée, en la dépouillant, comme du reste on l'a fait dans la pratique, de ce qu'elle avait d'exorbitant pour l'indigène, l'État ne serait pas aujourd'hui sans terres pour la colonisation européenne, la propriété serait constituée dans tout le Tell, la valeur du sol indigène aurait plus que triplé, la production agricole aurait atteint un degré de développement qu'elle n'a pas, et nous n'en serions pas, en 1875, à tenter une nouvelle expérience dont les résultats lointains ne sont pas encore parfaitement prévus.

Le sol où le droit de propriété a été établi par l'ordonnance, s'est naturellement *francisé*, et il est arrivé qu'une portion relativement considé-

rable est allée, avec toute sécurité, aux mains
des européens. Quant à la partie demeurée aux
indigènes, ceux-ci, nantis d'un droit nouveau et
de titres français, n'ont pas tardé à la placer sous
le régime du Code civil par des ventes, des échanges et des constitutions hypothécaires devant notaire. Là, encore, la nouvelle loi se borne à régu-
lariser un fait.

Les propriétés cantonnées tiennent trop peu de
place sur la carte pour que nous nous en occu-
pions particulièrement. Les territoires des tribus
cantonnées sont d'environ 60,000 hectares.

L'intérêt réel de la loi, au point de vue de son
applicabilité, est donc surtout une question d'avenir, une question de délivrance de titres nouveaux, d'exécution du titre II.

19. — Le statut réel des Kabyles, dont l'origine remonte au droit provincial de Rome, est,
sur beaucoup de points, différent de celui des
Arabes qui a conservé toute la pureté de la doctrine des pontifes de l'Islam. Ce sont donc deux
statuts distincts; par suite, on doit décider que la
convention entre Arabes et Kabyles (elle sera
rare) sera régie par la loi française bien que les
parties contractantes soient musulmanes ; c'est le
statut et non la religion qui doit servir de règle
de décision.

20. — L'ordonnance du 24 juillet 1846 a eu

pour but de vérifier et d'établir le droit de propriété dans les territoires plus particulièrement
civils et de colonisation, où la justice française et
l'élément européen, sortant de l'enceinte des
villes et de leur banlieue, commençaient à se
fixer, où la propriété était plus assise et parfaitement délimitée ; là, le but que l'ordonnance
poursuivait était déjà atteint, et les opérations
prescrites eussent été inutiles ; il fallait donc faire
une exception pour les immeubles de cette catégorie, et cette exception se trouve dans l'article 1er
de l'ordonnance.

Après avoir déclaré que des arrêtés spéciaux
détermineront les périmètres des territoires dans
l'étendue desquels les titres de propriétés rurales
seront vérifiés, l'article premier de l'ordonnance
ajoute : « Ne seront pas compris dans ces terri-
« toires : 1° Pour le district d'Alger, les commu-
« nes d'Alger, d'El-Biar, de Mustapha, de Bir-
« mandreïs, de Draria. de Birkadem, de Kouba,
« de Dély-Ibrahim, de Bouzaréa, de la Pointe-
« Pescade et la partie gauche de l'Harrach ; —
« 2° La commune de Blida, telle qu'elle a été
« délimitée par notre ordonnance du 29 octo-
« bre 1845 ; — 3° La commune d'Oran telle
« qu'elle a été délimitée par arrêté ministériel du
« 29 octobre 1845 ; — 4° La commune de Mosta-
« ganem telle qu'elle a été délimitée par arrêté
« ministériel du 18 juillet 1845 ; — 5° Le terri-
« toire communal et civil de Bône tel qu'il avait

« été constitué par l'arrêté ministériel du 28 juil-
« let 1838. »

Il est hors de doute que par un *a fortiori* évident, ainsi que le disait M. le premier Président
Cuniac dans un rapport qu'il présentait dans la
séance du Conseil supérieur du 27 décembre 1873,
les périmètres dispensés de la vérification sont,
par les mêmes motifs, régis par le droit commun.
C'est. du reste, ce qui a été jugé depuis par l'arrêt du 24 février 1875 *(suprà* n° 3).

21. — Au fur et à mesure que la loi sera
appliquée, que la reconnaissance de la propriété
privée et la constitution de la propriété individuelle auront lieu, et que des titres définitifs seront délivrés, conformément à la procédure tracée
au titre II et en exécution de l'article 3, la terre,
objet du titre, sera soumise à la loi française.
C'est la délivrance du titre, opérée à la suite de
l'opération de constatation de la propriété privée
ou de la constitution de la propriété individuelle, ou la reconnaissance qu'il en existe déjà
un, qui supprime le statut réel musulman.

21 ᴮᴵˢ. — Nous verrons, lorsque nous arriverons au paragraphe 3 de l'article 3, que le titre
nouveau n'est pas délivré aux détenteurs d'immeubles reconnus être de propriété privée, lorsqu'il
existe déjà un titre notarié ou administratif ;
doit-on conclure de cette disposition que les im-

meubles de cette catégorie sont, dès maintenant, dès la promulgation de la loi, soumis au régime français ? — Non. Et en voici la raison : Pour qu'un immeuble soit soumis à la nouvelle loi, il faut une condition préalable : la constatation dans de certaines formes propres à garantir toutes les parties intéressées de son caractère privatif. C'est cette constatation qui crée le droit nouveau : le titre n'en est que la conséquence et le témoignage nécessaires.

Par conséquent, lorsqu'il s'agit de biens sur lesquels l'ordonnance de 1846 où le cantonnement a été appliqué, la reconnaissance exigée a déjà été faite, le titre authentique existe ; le sol passe donc, sans vérification nouvelle, sous le régime de la loi commune. Mais, il n'en est pas de même pour les biens dispensés du titre nouveau par l'article 3, tout le temps que la constatation du droit privatif n'a pas eu lieu. En effet, le propriétaire indigène, dans ce cas, a bien un titre, mais ce titre n'a pas été vérifié, le droit qu'il affirme n'a pas été constaté ; par suite, la condition d'application des lois françaises ne s'est pas encore réalisée.

22. — L'application des lois françaises, et particulièrement de celle du 23 mars 1855, ne produit, dans les cas et conditions prévus par l'article 2, d'autres effets que ceux qui leur sont normalement attachés. Ainsi, l'immeuble *francisé*

est bien affranchi par le fait seul de sa *francisa-
tion*, de toutes les charges occultes énoncées à l'article 1er, puisque ces charges sont abolies ; ainsi
encore, la transcription de la vente le libère bien
des charges créées par le vendeur au profit des tiers
et au détriment de l'acquéreur ; néanmoins, dans
l'un comme dans l'autre cas, la revendication des
tiers qui se prévalent d'un droit propre et personnel demeure entière ; l'immeuble et son possesseur restent, dans les termes du droit commun,
exposés à toutes les causes ordinaires d'éviction.
Mais, l'acquéreur trouve dans la loi un moyen
d'éviter ce danger et de purger l'immeuble même
à l'égard des tiers revendiquants : c'est de remplir
supplémentairement les formalités prescrites
par les articles 25 et suivants. Rien dans la loi ne
lui interdit l'exercice de cette faculté.

« Article 3.

« Dans les territoires où la propriété collective
« aura été constatée au profit d'une tribu ou d'une
« fraction de tribu, par application du sénatus-con-
« sulte du 22 avril 1863, ou de la présente loi, la pro-
« priété individuelle sera constituée par l'attribution
« d'un ou plusieurs lots de terre aux ayants droit et
« par la délivrance de titres opérée conformément à
« l'article 20 ci-après.

« La propriété du sol ne sera attribuée aux mem-

« bres de la tribu que dans la mesure des surfaces
« dont chaque ayant droit a la jouissance effective ;
« le surplus appartiendra, soit au douar comme bien
« communal, soit à l'Etat comme biens vacants ou
« en déshérence, par application de l'article 4 de la
« loi du 16 juin 1851.

« Dans tous les territoires autres que ceux men-
« tionnés au paragraphe 2 de l'article précédent,
« lorsque l'existence de droits de propriété privée,
« non constatés par acte notarié ou administratif,
« aura été reconnue par application du titre II ci-
« après, des titres nouveaux seront délivrés aux pro-
« priétaires.

« Tous les titres délivrés formeront, après leur
« transcription, le point de départ unique de la pro-
« priété, à l'exclusion de tous autres. »

« ARTICLE 6.

« Il sera, en exécution de l'article 3 de la présente
« loi et sous la réserve expresse du recours devant
« les tribunaux, stipulé en l'article 18 ci-après, pro-
« cédé administrativement à la reconnaissance de la
« propriété privée et à sa constitution partout où le
« sol est possédé, à titre collectif, par les membres
« d'une tribu ou d'un douar. »

SOMMAIRE :

23. *Les articles 3 et 6 doivent être réunis. Ils renferment
le fondement d'une double opération : 1° Constatation de la propriété privée et de la propriété collective ; 2° Constitution de la propriété individuelle.*

23. — Nous rapportons l'article 6 en même temps que l'article 3, parce que ces deux articles se lient et se rattachent tellement qu'ils devraient être réunis en un seul. Tous les deux se rapportent à un même ordre de faits et de règles, à un même travail.

Nous avons dit *(suprà n° 1)* que la loi nouvelle repose sur deux principes et que les articles 1 et 2 contenaient l'un de ces principes ; les articles 3 et 6 renferment le fondement de l'autre, à savoir : une double opération qui consiste : 1° à constater la propriété privée et la propriété collective ; 2° à constituer la propriété individuelle dans les territoires où la propriété collective aura été reconnue, par l'opération de constatation ci-dessus ou par l'application du sénatus-consulte du 22 avril 1863.

Comme, d'un côté, il s'agit ici de prescriptions importantes, fort délicates, peut-être aussi fort abstraites, qui ont leur origine dans le passé législatif de l'Algérie ; et que, de l'autre, ces prescriptions forment la partie capitale et dominante de la loi, nous croyons nécessaire de présenter préliminairement quelques observations générales sur le droit de propriété dans la Colonie. Ces observations faciliteront la solution de plusieurs questions graves.

Lorsqu'en 1830 nous prîmes possession d'une partie de la Régence d'Alger, la propriété immobilière était à l'image de la société politique, civile et religieuse du pays, ce qui fit que nous ne la saisîmes pas distinctement. Mais, grâce aux progrès de notre administration, aux études et aux travaux de plusieurs hommes distingués qui, par leur contact avec les indigènes, étaient plus particulièrement à même de connaître les choses relatives à la constitution du sol, la situation s'éclaircit peu à peu et le voile épais qui l'enveloppait finit par se déchirer. A l'heure qu'il est, nous sommes à peu près complètement instruits et nous pouvons préciser les principes avec quelque certitude.

Le sol rural appartenait en toute propriété : 1° au Beylick (ou Beit-el-Mal), représentant de la communauté musulmane ; 2° à diverses corporations et établissements qui avaient presque tous un caractère plus ou moins religieux, telles que les zaouïas (écoles), les mosquées, les fontaines, les villes saintes, etc. ; 3° aux particuliers.

Le Beylick comprenait le domaine de l'État proprement dit et le domaine public. Le Pacha avait, en outre, son domaine privé.

Les corporations et établissements possédaient, en général, à titre de derniers dévolutaires, les biens de nature *habbous, biens de main morte.*

L'Etat français, en 1830, succéda au Beylick dans la propriété et la jouissance de son domaine. Il devint aussi propriétaire des biens d'établissements religieux.

Le droit privatif sur le sol (melk) était, en principe, aussi inviolable que le droit du Beylick et des institutions pieuses.

Nous avons déjà eu l'occasion, dans un autre travail, de relever l'erreur d'une certaine école qui, à l'origine, enseignait sur la foi du Coran mal compris, que la propriété privative n'existait pas en Algérie et que tout le sol était à l'État.

La vérité est que le droit des individus sur la terre s'est constitué en Algérie, comme partout ailleurs, naturellement, nécessairement, et par les moyens en usage chez tous les peuples vivant en société. Le premier de ces moyens, par son importance et son origine, c'est l'occupation, c'est la possession continue et effective. L'intérêt de tous et la justice sociale veulent que la terre soit à celui qui la possède pendant un certain temps avec la pensée d'en être propriétaire, *animo domini*, et que la communauté représentée par l'Etat propriétaire de tout ce qui n'est à personne, renonce, dans ce cas, à son droit originel sur cette terre.

Or, non-seulement la loi islamique reconnaît cette doctrine, mais elle l'élargit encore en déclarant propriétaire d'une terre tout individu qui la *vivifie*, c'est-à-dire qui la défriche et la met en culture ; de sorte que pour la terre morte, le seul fait de la *vivification* est, dans l'islamisme, un moyen d'appropriation privative ; le *vivifiant* est dispensé de justifier qu'il a eu la possession pendant le délai nécessaire pour la prescription normale de la loi positive.

« Quand quelqu'un aura vivifié une terre mor-« te, dit le Prophète, elle ne sera à aucun autre ; « il aura des droits exclusifs sur elle, » et sans vouloir abuser des citations musulmanes, nous ajouterons que la vivification, cause de l'attribution exclusive, résulte des sept faits suivants :

1° Par des travaux qui mettent l'eau à découvert ;

2° Par des travaux qui la font courir ;

3° Par des constructions ;

4° Par des plantations ;

5° Par le labour et le défoncement des terres ;

6° Par le défrichement (coupes d'arbres) ;

7° Par le brisement des pierres et le nivellement du sol.

24. — Cela posé, nous apercevons sans peine comment, sous l'empire des idées et des règles de cette législation, la propriété privée s'est formée parmi les populations indigènes.

Les Arabes, vainqueurs de l'Afrique, refoulèrent ou absorbèrent les indigènes Berbères ; de par le droit de l'islam la terre était à eux, à la grande communauté musulmane. C'est dans ces conditions que l'effort collectif ou individuel, pour occuper le sol et en devenir exclusivement le maître, se développa. Le désir de la propriété est un désir naturel ; il est tout aussi énergique chez l'Arabe que chez le paysan normand.

Chacun voulut se faire une propriété sur ces espaces immenses. C'est une famille ou un individu isolé qui se détache du campement commun et crée une habitation particulière. Celui qui établit sa tente et sa famille sur un lot, cultiva et posséda ce lot, pouvait dire : « ce champ est à moi ; personne ne peut m'en expulser ».

Bientôt cette famille se multiplia et forma un clan, une tribu ; cette tribu, devenue considérable par le nombre, se divisa quelquefois en fractions ou *ferkas* ; mais tous les membres de la tribu ou des fractions de la tribu formaient, sauf le produit de l'immigration étrangère qui était fort rare, une série de branches se rattachant au même tronc. Avec cet accroissement de la famille originelle, le champ primitif s'agrandit et le territoire de la tribu se forma et se compléta.

Il est aussi arrivé qu'une tribu s'installa toute formée et toute organisée sur une terre et en prit possession avec la volonté de la garder. Nous en trouvons encore aujourd'hui à la place qu'elles ont occupée aux premières années qui ont suivi la seconde invasion arabe.

25. — Aux premiers jours de la tribu, et alors que peu nombreuse, l'autorité du chef de famille était fort respectée, que celui-ci absorbait et représentait l'intérêt de tous, il n'y avait pas de division dans la possession du champ commun.

Mais, au fur et à mesure que les liens du sang se relâchèrent, les branches se séparèrent et formèrent elles-mêmes un foyer nouveau, une nouvelle *souche*. En même temps et parallèlement, les intérêts se divisèrent, le territoire commun se fractionna et chaque parcelle distraite devint un lot distinct pour un groupe naissant : de sorte que le morcellement de la terre a été la conséquence de la division de la famille ; et ce morcellement s'est toujours produit en raison directe de l'affaiblissement des liens de parenté et du fractionnement des intérêts. La possession collective, qui dépendait des conditions de la famille, cessa dans l'ensemble des membres de la tribu, mais se continua entre les membres de chaque groupe ; elle était rarement individuelle.

26. — C'est en cet état de la formation de la famille et de la possession du sol que nous avons trouvé l'Algérie.

27. — Maintenant, quel était le caractère de cette possession de la terre ?

Cette possession, soit individuelle, soit collective, était, en général, naturellement à titre privatif, avec l'intention, chez ceux qui détenaient d'une manière continue et utile, d'être ou de devenir propriétaires ; on ne saurait ni admettre, ni imaginer une autre condition ; elle constituait donc un titre de propriété, et d'après le droit des

gens, nous devrions même dire le droit naturel,
et d'après les traditions de l'islam.

28. — La situation, en 1830, se caractérisait ainsi : les individus, la famille ou les groupes de famille qui avaient donné la vie à une
terre et l'occupaient en l'absence de tout titre
précaire, étaient légalement propriétaires, à l'é-
gard du Beylick propriétaire primitif de toute
terre inculte et non possédée par autrui ; à l'égard
des tiers particuliers, ils n'étaient propriétaires
que dans les conditions de la loi musulmane ;
c'est-à-dire qu'ils étaient soumis à toutes les
revendications particulières admises par cette loi.
Que la possession ait été plus ou moins dis-
cutée, troublée, violentée, soit de la part du
Beylick, soit de particuliers à particuliers, cette
circonstance ne détruit pas le principe ; au contraire, elle l'affirme ; elle implique seulement que
le droit de propriété n'existait pas au profit du
possesseur dont la possession était entachée d'un
vice de trouble légal. C'est ce qui arrive aussi
dans notre législation française.
Il importait peu, ainsi que nous venons de le
voir, que la terre fut aux mains d'un seul, d'une
famille ou dé plusieurs familles, car le caractère
translatif de propriété attaché à la possession est
absolu ; il est indifférent que la possession soit
divise ou indivise, individuelle ou collective ; il
suffit qu'elle soit à titre privatif, c'est-à-dire dans

l'intérêt personnel de ceux qui jouissent et à l'exclusion de tous autres maîtres.

Si le droit de propriété privative peut exister (et cela est hors de doute) entre cent, cinq cents et mille individus, *ut singuli*, la possession qui lui sert de base peut exister dans les mêmes conditions et avec la même efficacité ; de sorte que les groupes possesseurs. composés soit d'individus étrangers l'un à l'autre, soit de membres d'une même famille, soit de plusieurs familles, pouvaient être propriétaires comme les individus isolés ; seulement, pour les premiers la propriété était collective ; pour les seconds elle était individuelle ; mais, pour les uns comme pour les autres, elle était privative, *melk*, mais melk individuel ou collectif.

29. — Il est arrivé aussi que dans certaines tribus, soit parce que le lien de parenté y a été assez fort pour empêcher la désagrégation, soit par tradition invétérée, soit enfin par tout autre motif d'un ordre politique qu'il est inutile d'indiquer, les habitants ont maintenu leur territoire dans sa constitution originaire, à l'état d'unité, à l'abri des distractions et des divisions de famille. Là, la formation de foyers domestiques nouveaux n'a pas entraîné le morcellement de la terre. La communauté, la tribu, considérée de fait sinon de droit, comme un être moral distinct des membres la composant, est restée proprié-

taire, *ut corpus* ; chaque année, pendant long-temps, puis tous les deux ou cinq ans, puis enfin tous les dix, quinze ou vingt ans, quelquefois à des intervalles plus éloignés, à des époques irré-gulières et accidentelles, le territoire était partagé entre les familles, entre les tentes ; chacune avait son lot de culture dont la contenance était pro-portionnée à ses moyens de travail ; et ce lot, elle le gardait jusqu'au partage suivant ; elle le transmettait même héréditairement. mais la jouissance était toujours précaire. Lorsque le possesseur cessait de cultiver, soit pour cause d'indigence, soit pour toute autre cause, la terre rentrait au fond commun.

Ce territoire était improprement, mais vulgaire-ment, appelé territoire *arch* ou *sabega* (territoire de la tribu) : la terre était désignée sous le nom terre *arch*, et le droit de la tribu portait le nom de droit *arch*. C'était le *Mir Russe* de nos jours. Ce système de communauté terrienne et agricole a longtemps existé dans plusieurs contrées de la France.

Mais, comme on le voit, ce droit (en admettant toujours l'existence des conditions de la posses-sion translative de la propriété), était, pour la tribu, un droit essentiellement privatif, un droit *melk*, au même titre que celui des particuliers, semblable à celui d'une société sur les biens sociaux, ou d'une commune sur les biens du do-maine communal ; les membres de la tribu, *ut singuli*, n'avaient sur le territoire *arch* qu'un droit de jouissance ; le droit foncier était à la communauté, à la tribu.

29[BIS] — Cependant, il existait des tribus dont le territoire appartenait à l'Etat : c'étaient les tribus *maghzen*. Les maghzen constituaient des colonies militaires que le Beylick établissait sur certains points, dans un intérêt de défense, et auxquelles il abandonnait la jouissance du sol sur lequel elles étaient établies.

30. — Il y avait aussi, surtout dans la province de Constantine, des tribus *azels*. Ces tribus, établies sur les haouchs, les grandes fermes, de l'Etat, payaient un fermage, une redevance, connu sous le nom de *hokor*. A l'origine, l'occupation n'était qu'un bail ordinaire ; peu à peu et successivement, elle prit, dans plusieurs contrées, un caractère emphytéotique.

Le droit des tribus *azels* ne fut jamais considéré comme un droit de propriété ou d'usufruit ; jamais on ne le confondit avec le droit *arch*

31. — Les faits observés confirment ce que nous venons d'énoncer, à savoir : que la possession paisible, effective, à titre non précaire comportait la propriété. Les transactions immobilières d'individus à individus, de famille à famille, et de fraction à fraction ont eu lieu de tout temps.

Nous trouvons des titres de vente, d'échange, de habbous, de partages qui remontent à des époques fort reculées. Pour ce qui nous concerne, nous en avons vu plusieurs qui dataient du XVIe siècle de notre ère, et dont la sincérité était attestée.

Ils étaient rédigés soit par des cadis, soit par des fonctionnaires de l'ordre administratif, selon les localités et les temps ; quelquefois même, ils étaient consacrés par des décisions de midjlès de la même époque ; à partir du XVIIe siècle ces sortes d'actes sont très nombreux et très variés. Les parties contractantes sont presque toujours des chefs de famille stipulant *pour eux et leurs cointéressés.*

La tribu, propriétaire de son territoire, faisait aussi quelquefois des transactions en son nom propre, soit en vendant, soit en donnant à bail ou antichrèse.

Dans ce cas, elle était représentée par la djemmaâ (ou réunion de notables du clan) qui stipulait pour la communauté. Nous avons même eu l'occasion de remarquer des cas où la djemmaâ d'une tribu aliénait tout son territoire cultivable au profit de particuliers étrangers ou de fractions voisines qui manquaient de terres, et ne conservait pour elle que les terres de pacage, le communal proprement dit. On a aussi vu de grandes ferkas qui tenaient des terres d'une autre ferka moyennant un cens emphytéotique ou perpétuel.

31**bis** — La propriété, en général, n'était pas délimitée ni dans les actes, ni sur le terrain ; ou bien les limites indiquées étaient vagues et incertaines ; les terres étaient connues par des dénominations particulières. Mais, par suite de partages et de morcellements successifs, les mêmes dénominations se multipliaient, chaque lot nouveau conservant l'appellation originaire de l'immeuble dont il était une parcelle. De là une certaine confusion qui a souvent égaré la justice. Cependant, il est arrivé qu'à la suite de contestations nombreuses, les possesseurs faisaient délimiter leurs terres par un medjlès ou un cadi qui en dressait écrit ; quelquefois cette délimitation avait lieu par acte de notoriété ; nous avons rencontré plusieurs de ces actes remontant à une date fort ancienne.

32. — Il arrivait aussi au Beylick de démembrer son domaine par des ventes ou des donations faites soit à des chefs qu'il voulait s'attacher ou récompenser. soit à des communautés, soit même à des particuliers. Et lorsque ces sortes de concessions portaient sur de grandes étendues, surtout lorsqu'elles avaient lieu au profit de grandes familles, les concessionnaires, ayant toujours à redouter les caprices ou la malveillance d'un bey nouveau, prenaient la précaution, à chaque changement de règne, de soumettre

leur titre au chef du gouvernement qui refusait rarement son approbation. Cet usage a été signalé dans tous les Beylicks de la Régence, mais surtout dans celui de Constantine et de Tittery ; il s'est continué même pendant les premières années de la conquête. Nos généraux commandant les provinces ont été plusieurs fois sollicités par les possesseurs de biens d'origine Beylick, d'apposer leur signature à la suite de celle des Beys, sur les titres de concession. Il nous a été permis de voir des actes de cette nature où se trouvaient le sceau du maréchal Vallée, du maréchal Clauzel, du général Négrier, du maréchal Bugeaud et du duc d'Aumale.

Nous ajouterons, à ce propos, que si les Beys commettaient, sans scrupule, des actes de violence et de spoliation quand il s'agissait de leur intérêt personnel, ils faisaient, en général, respecter le droit de propriété chez les autres, parmi les fellahs.

Souvent le propriétaire, qui avait à se plaindre d'un empiétement ou d'une usurpation de la part d'un étranger, s'adressait directement au Bey qui intervenait personnellement pour juger la légitimité de la réclamation ou renvoyer devant un cadi ou un medjlès.

33. — Les Beys avaient aussi l'habitude d'attacher la jouissance d'une grande terre au commandement des chefs ; mais cette jouissance

n'était jamais que temporaire et sa durée dépendait toujours de celle du commandement.

34. — C'est l'observation et le respect de ces faits historiques qui, dès l'origine de notre avènement en Algérie, a servi de règle au gouvernement dans ses rapports avec les indigènes, et au législateur dans ses ordonnances du 1er octobre 1844, 21 juillet 1846 ; et, nous le confessons ici sans hésitation, nous ne relisons jamais ces pages de notre histoire algérienne sans admirer le sens pratique qui distinguait les législateurs de cette époque. Mais, en 1851, l'école qui, méconnaissant les faits historiques et ne tenant peut-être pas aussi assez de compte des nécessités agricoles du pays, répudiait le droit privatif des indigènes des tribus, venait de poser résolûment la question. On demandait que l'Etat fut déclaré propriétaire du sol, les tribus n'en ayant que la jouissance précaire. C'est de ces discussions qu'est sortie la loi du 16 juin.

Cette loi, tout en protégeant le droit de propriété, en général, ne s'est pas prononcée sur la question dont on réclamait la solution ; et, par son article 14, elle s'est bornée à déclarer que : « sont « reconnus tels qu'ils existaient au moment de « la conquête ou tels qu'ils ont été maintenus, « réglés ou constitués postérieurement par le « gouvernement français, les droits de propriété « et les droits de jouissance appartenant aux

« particuliers, aux tribus et aux fractions de
« tribus. »

C'était là une rédaction ambiguë qui laissait
subsister des doutes sur le droit des tribus et des
indigènes des tribus ; et c'est en continuant la
discussion qu'on arriva au cantonnement.

Cette mesure consistait à ne laisser aux tribus
que des surfaces proportionnées à leurs besoins
et à leurs forces agricoles, de ne leur accorder
que les terres réellement possédées; et en échange
du sacrifice qu'elles pouvaient faire par l'abandon d'une partie de leurs territoires, elles deve-
naient propriétaires incommutables des terres
qui leur étaient laissées au lieu de simples usu-
fruitières qu'elles semblaient être auparavant.

Au moyen de cette sorte de transaction, l'État
pouvait disposer de toutes les superficies non attribuées.

Après un essai à peu près stérile de quelques
années, le cantonnement fut abandonné, et c'est
alors qu'on en revint à l'esprit de la législation
antérieure et que parut le sénatus-consulte du
22 avril 1863.

Le but du sénatus-consulte complété par le
décret du 23 mai suivant, a été de résoudre le
problème devant lequel le législateur de 1851
avait reculé : de consacrer le droit de propriété
des tribus sur le sol dont elles avaient la possession réelle, la possession permanente et traditionnelle, (ce qui n'était autre chose qu'une déclara-

tion de droits préexistants, selon les principes de la loi commune et le fait de l'histoire), sans distinction entre le sol possédé par la tribu, comme être collectif, *ut corpus, (arch)* et le sol possédé par les individus et les familles, *ut singuli (melk)*, et de constituer la *propriété individuelle ou de famille* partout où elle était à l'état collectif ou indivis entre plusieurs familles.

Ces expressions de *propriété individuelle ou de famille*, nous les relevons avec intérêt dans l'exposé des motifs.

Pour arriver à exécuter le sénatus-consulte, on procédait d'abord à la délimitation des territoires des tribus, puis à la répartition entre les douars ; dans ce travail, on dégageait du sol *arch* les terres *melk*, c'est-à-dire celles de propriété privée, qu'elles fussent à l'état collectif ou individuel, et celles du Beylick.

Ces opérations devaient ensuite aboutir à la constitution de la propriété individuelle.

Cette dernière opération était certainement la plus intéressante de celles prévues par le sénatus-consulte ; car c'est elle qui devait faire cesser l'indivision dans ces nombreuses possessions collectives qui formaient presque l'état normal des propriétaires en territoires de tribus, créer pour le sol l'unité familiale dans les douars-communes, fractionner la terre entre les individus ou les familles, la préciser et l'asseoir par la délivrance de titres inattaquables, livrer le sol indigène aux transactions faciles et sûres, parvenir à la désagrégation de la tribu, et résoudre enfin le problème essentiellement algérien de l'assiette de la propriété.

L'attribution, qui devait porter sur le sol *arch* comme sur le sol *melk* collectif, était faite d'après les titres, mais en tenant compte, autant que possible, d'après l'article 26 du décret du 23 mai, *de la jouissance antérieure*, (expression que le rapporteur au Sénat traduisait par *droits acquis*), des *coutumes locales et de l'état des populations*.

Comme cette opération ne devait avoir lieu que quand et où l'administration la reconnaitrait *possible et opportune*, il arriva qu'elle n'était pas encore sérieusement commencée lorsqu'en 1870 l'application du sénatus-consulte fut brusquement arrêtée.

Mais l'insurrection vaincue, on se demanda si on devait reprendre l'œuvre du sénatus-consulte et la suite des opérations suspendues en les continuant plus activement et peut-être aussi dans des conditions moins désavantageuses pour le domaine de l'Etat et de la colonisation ; c'est probablement ce qu'on aurait fait s'il ne s'était agi que de *constituer* ; mais, depuis longtemps, on avait reconnu que la question de l'établissement de la propriété indigène se rattachait à celle de la sécurité et de la fixité des transactions, soit entre Indigènes et Européens, soit entre Indigènes seulement, et que celle-ci ayant été omise par le législateur de 1863, il était préférable de faire une loi nouvelle réglant les deux points. C'est dans ces circonstances que parut la loi du 26 juillet 1873.

35. — Nous nous occupons ici tout particulièrement de l'établissement de la propriété individuelle qui est le but principal de la loi. Pour y arriver, elle prescrit en fait, (nous le répétons), deux opérations bien distinctes : la première consiste à constater, à reconnaître tout à la fois la propriété privée et la propriété collective ; par la seconde, il s'agit de constituer la propriété individuelle dans les territoires où elle est déjà reconnue collective par suite de l'application antérieure du sénatus-consulte et dans ceux où elle sera constatée telle en exécution de la loi nouvelle et de la procédure prescrite par le titre II.

Nous disons, bien que le texte de la loi ne le dise pas, que l'opération de constatation devra comprendre, en les séparant, la propriété privée et la propriété collective ; en effet, pour pouvoir établir la propriété individuelle en territoire de propriété collective, il faut bien que, préalablement, ces territoires soient reconnus tels.

Ce travail complexe est à peu près celui prévu au n° 3 de l'article 2 du sénatus-consulte et organisé par le titre V du décret du 23 mai.

Les deux premiers paragraphes de l'article 3

s'occupent de l'opération de la constitution ; ils n'énoncent qu'incidemment celle relative à la constatation, qui est cependant celle par laquelle on commence ; celle-ci est plus particulièrement prévue à l'article 6.

36. — Il est indispensable, pour l'intelligence et même comme complément nécessaire de la loi, de donner ici la définition de quelques termes employés par le législateur.

« Au dualisme des mots *melk* et *arch*, dit
« M. Warnier dans son rapport, nous substituons
« l'appellation générique du mot *propriété* dont
« la définition, dans notre droit public, ne peut
« donner lieu à aucune erreur, en y adaptant,
« selon les cas, l'un des deux modes de possession
« exprimée par les termes *privée* et *collective*. »

Appelé, plus tard, comme membre de la Commission supérieure de la propriété indigène, instituée à Alger sous la présidence de M. le premier président Cuniac, pour proposer les mesures susceptibles de faciliter la mise à exécution de la loi, à expliquer la classification énoncée dans son rapport et à en indiquer le but et l'intérêt, l'honorable député disait : « ..... Il n'y
« a plus, pour le législateur de 1873, que
« deux sortes de propriétés en Algérie : 1° La
« *propriété privée*, qu'elle soit constituée sur la
« tête de l'individu ou sur la collectivité des
« membres de la famille ; 2° La propriété collec-

« tive entre plusieurs familles... » Et tirant de
sa définition la conclusion pratique, M. le Rapporteur ajoutait : « 1° Le chapitre Ier du titre II s'appli-
« que aux terrains qui sont possédés ou jouis, à
« titre privatif soit par la famille, soit par l'indi-
« vidu, que ces terrains soient *arch* ou *melk*, peu
« importe ; là, on met chacun en demeure de
« faire connaître les titres qu'il peut avoir à la
« possession du sol, et l'opération se termine par
« un acte d'administration *déclaratif du droit*
« constaté, sauf recours aux tribunaux en cas de
« contestation ; 2° Mais là où la terre est possédée
« en commun par une collectivité d'individus qui
« ne sont pas membres d'une même famille (et
« c'est là l'objet du chapitre II du titre II), un
« arrêté d'homologation des travaux des com-
« missaires-enquêteurs intervient comme acte
« souverain et sans appel constitutif du droit de
« propriété. »

Remarquons, en passant, que c'est certainement à son insu que M. Warnier dit que le droit
privatif et personnel peut exister sur les terrains
arch comme sur les terrains *melk*, car, au regard
de la tribu, le droit de chacun des habitants ou
occupants du douar sur le sol arch est exclusif du
droit melk ; et du moment où un immeuble est la
propriété privée de quelqu'un, il a cessé d'être la
propriété de la tribu. Cela prouve que, tout en
voulant rompre avec la langue usuelle du passé,
il est quelquefois difficile de ne ne pas y revenir
involontairement.

M. le premier Président Cuniac appuie les explications de M. le Rapporteur à l'Assemblée nationale, et « rappelle qu'il ne peut être que-
« stion de maintenir les mots de *melk* et d'*arch* ;
« ainsi que M. le député Warnier l'a dit à la
« Commission, le législateur a expressément en-
« tendu supprimer. les désignations qu'il regar-
« dait comme des erreurs et rompre avec la tra-
« dition qui était ou qui lui a paru dangereuse.
« Il s'agit donc d'appliquer la loi actuelle et non
« de perpétuer indirectement ce qu'elle a voulu
« abolir.

« La loi de 1873 n'a, en somme, reconnu
« que deux modes de jouissance ou de possession
« de la terre en Algérie : la possession collective
« entre diverses familles et la possession privée
« embrassant, avec la possession individuelle, la
« possession familiale ou collective entre mem-
« bres d'une même famille ; dans le premier cas,
« la délivrance du titre de propriété résultera d'un
« travail de constitution ; dans le second cas,
« d'un travail de simple constatation. »

La Commission, s'appropriant ces explications, décide que : « 1° *propriété privée* signifierait la
« propriété individuelle aussi bien que la pro-
« priété d'une seule famille ;

« 2° Et que la propriété collective s'applique-
« rait à la propriété de plusieurs familles sans
« distinction. »

Ainsi, il est hors de doute que pour le législateur de 1873, il n'y a plus ni melk ni arch; il n'y a plus, en dehors du domaine de l'Etat et des communaux, que des terres de propriété privée et des terres de propriété collective. Et pourquoi cette innovation ? — C'est afin *de faire cesser la collectivité partout où elle existait, en territoire melk comme en territoire arch; et en considérant le mot melk comme équivalant à ceux de propriété individuelle, elle aurait admis, ce qui n'est pas, à savoir : que dans tout territoire melk, les commissaires-enquêteurs n'auraient qu'à constater la possession individuelle du sol, sauf recours aux tribunaux, tandis qu'ils auront, le plus souvent, à y constituer la propriété sous la sanction du gouverneur en Conseil du gouvernement.*

Nous ferons remarquer, seulement pour l'intelligence des choses, que le législateur aurait atteint le même but en déclarant simplement que l'opération porterait *en outre* sur les *melk collectifs*; les melk de cette catégorie, étant par leur nature, ceux dont la possession est collective entre les familles. *(V. infrà p. 82.)*

Quoiqu'il en soit, voilà un premier point bien acquis. Il y en a un autre non moins bien établi : c'est le sens que le législateur attribue aux expressions nouvelles qu'il adopte. Le commissaire-enquêteur reconnaît que telle surface doit être classée comme étant de propriété privée ou collective, selon le nombre de familles qui la détiennent.

La définition est. il faut l'avouer, un peu arbitraire et même artificielle ; car, enfin, que la terre soit à dix personnes d'une même famille ou à dix personnes de deux familles, elle n'en est pas moins collective et elle n'en est pas moins privée ; et, on ne voit pas pourquoi on procèderait à une sorte de cantonnement dans un cas plutôt que dans l'autre ; aussi, tout en maintenant la suppression des anciens termes, aurions-nous préféré une autre classification, une classification plus en harmonie avec l'expression juridique et la réalité des choses; mais c'est ainsi que le législateur l'a voulu ; nous savons déjà, en partie, quels sont les motifs qui l'ont porté à agir ainsi ; nous le saurons encore plus amplement plus tard.

37. — Mais qu'est-ce qu'une famille ? Où commence-t-elle et où s'arrête-t-elle ?

La question est simple, mais la réponse n'est pas sans difficulté ; et cependant, il est d'autant plus important de répondre avec exactitude que le législateur prend la famille pour base et pour règle de sa nouvelle classification du droit de propriété ; qu'il en fait, pour ainsi dire, l'âme de l'exécution de la loi ; que c'est de sa formation que dépendent les conditions dans lesquelles on constitue la propriété individuelle ; et que *le titre de propriété, prévu par l'article* 20 *t même par les articles* 17 *et* 18, *est un titre familial.*

Dans le sens usuel de notre grammaire et de

notre littérature, la famille est la société composée du père, de la mère, des enfants et des petits-enfants, soit qu'ils vivent réunis dans la même habitation, soit qu'ils vivent séparés les uns des autres.

On l'entend aussi comme étant la réunion de personnes unies par les liens du sang et de l'affinité ; dans cette dernière acception, les oncles, les neveux et tous les parents, même jusqu'au degré successible, font partie de la famille.

De ces deux définitions, quelle est celle que le législateur de 1873 a adoptée ?

Avec la seconde, il n'y a guère de *propriété collective* dans le sens de la loi, excepté pour le sol essentiellement *arch.* Le nombre des familles est restreint, mais le nombre de têtes qui la composent est considérable ; en effet, on rencontre rarement plusieurs familles ainsi agrandies sur un même immeuble privatif, et surtout possédant indivisement ou collectivement.

Avec la première, l'indivision se conçoit à merveille entre les familles ; mais elle ne se conçoit plus entre membres de la même famille ; en effet, le père et la mère vivant sont seuls propriétaires ; et les enfants ne sauraient avoir un droit distinct et personnel sur la terre paternelle ou maternelle, à moins que ce droit ne leur soit advenu par suite d'une acquisition particulière, d'un legs ou d'une donation de la part d'une autre famille ou communiste quelconque, condition qui ne se produit guère.

Devant la Commission supérieure, M. Warnier s'exprimait ainsi : « L'attribution du sol s'opèrera « donc sur le pied de l'*unité familiale*, non pas « cependant ramenée à l'unité absolue indiquée « par la communauté d'origine, une association « de personnes unies par un lien de consangui- « nité, mais bien l'*unité résultant de la séparation* « *d'intérêts primitivement communs, comme dans* « *le cas d'une subdivision de la famille primitive*, « *par suite du décès du père, d'établissement des* « *frères, etc.* »

Cela ne laisse pas que d'être assez vague. Cependant, si nous comprenons bien la pensée de l'honorable Rapporteur, la famille indigène n'est autre chose que la représentation de droits distincts, particuliers et personnels dans la jouissance indivise et commune de la terre. Il y a autant de familles qu'il y a de descendants investis d'un droit personnel et distinct dans la possession. Ainsi, cinq frères héritiers de leur père et les six enfants héritiers du frère de ce dernier feraient onze familles.

C'est fort bien ; mais M. Warnier semble élargir la famille, lorsqu'il dit dans son rapport à l'Assemblée nationale *que la Commission n'entend respecter l'indivision ni dans la tribu, ni dans le douar en tant que s'appliquant à une collectivité, mais seulement entre parents d'une même famille, constituant une unité familiale bien et dûment constatée par l'acquittement de l'impôt au nom du chef de famille*. Ici, en effet, la famille prend des proportions considérables ; ce n'est plus cette unité d'intérêts restreints, mais bien un rôle de contributions et le paiement de l'impôt par un seul. Ainsi, cinq frères, dix neveux et vingt, trente ou quarante cousins ne forment qu'une seule famille, si, comme c'est l'usage, l'achour et le zekkat afférents à l'immeuble patrimonial et collectif sont inscrits au nom d'un seul.

Il est vrai que M. Warnier cherche, devant les objections qui lui sont faites. à réduire cette unité familiale en disant : « Il serait dangereux de ra-
« mener d'une façon aussi absolue que le vou-
« drait M. Perrioud, l'unité de possession et de
« jouissance que la loi a eue en vue à l'unité de
« l'impôt. Il arrive, en effet, très fréquemment,
« que l'impôt est appliqué au nom d'un seul
« membre de la famille qui, par une raison ou
« une autre, s'est chargé de la mise en culture
« de l'avoir commun, tandis que la possession est
« constatée par des actes de cadis attribuant à un
« très grand nombre d'individus des droits déter-
« minés ; il arrive, par contre, que les actes des
« cadis assignent des parts de propriété infinité-
« simales à des individus qui, moyennant une lé-
« gère participation aux profits communs, aban-
« donnent, en fait, la jouissance à un ou deux
« d'entre eux. »

Cette explication laisse à désirer.

Que faut-il conclure de tout cela ?

D'abord, ce qui est certain pour nous, c'est que le législateur (et nous ne lui en faisons pas un reproche) ne s'est pas rendu un compte exact du caractère et de l'étendue de l'indivision qu'il voulait briser, ni de l'efficacité des moyens qu'il employait, ni de la valeur de certaines expressions dont il se servait sans les définir et les expliquer, ni des difficultés qu'il créait pour ceux qui devaient appliquer ou interpréter la loi.

Ensuite si nous nous mettons à rechercher théoriquement les conditions constitutives de la famille indigène, nous sommes exposés à faire des classifications arbitraires, confuses, qui jetteront le désordre et l'obscurité dans la pratique, et à former des groupes contradictoires.

En effet, la famille arabe, en général et *lato sensu*, n'est pas ce qu'elle est chez nous, mais bien la réunion des ayants droit à une propriété provenant d'un auteur commun et demeurée commune entre tous les descendants de celui-ci, lesquels ont formé des branches et des sous-branches. La famille, ainsi constituée, remonte souvent à plusieurs siècles, et forme quelquefois 100, 150 et 200 tentes.

Ce n'est certainement pas cette famille-là que le législateur prévoit, autrement il n'y aurait jamais de propriété collective entre plusieurs familles, toutes les surfaces seraient de propriété privée ; bien plus, la loi serait sans objet, sans efficacité et même dangereuse, car elle régulariserait et consoliderait l'indivision au lieu de la restreindre ou de la briser. Il arriverait que le titre familial comprendrait des centaines de copropriétaires à parts infinitésimales, des millionièmes, par exemple ; et si l'un d'eux voulait, après la délivrance du titre, introduire l'action en partage en vertu de l'article 815 du code civil et de l'article 4 de la présente loi, les frais de partage dépasseraient la valeur de la terre ; ou si, au contraire, ce coûteux partage n'était pas demandé, ce qui serait le cas le plus fréquent, puisque la possession collective est dans les mœurs des indigènes, ce serait, au bout de quelques années, le même désordre et la même confusion, mais considérablement accrue ; et, après un certain temps. il faudrait même et nécessairement réviser et refaire la détermination de parts portée au titre.

Mais cette grande famille, cette famille générale, se compose de familles particulières dont les membres se rattachent entre eux par un lien plus intime et un intérêt plus immédiat. Ce sont les branches et les sous-branches qui sont représentées par des parents dont le droit procède de la même cause, de la même origine héréditaire.

Cette famille particulière est aussi elle-même d'une formation fort difficile ; on peut encore se demander, à chaque instant, où elle commence et s'arrête ; chaque degré peut encore fournir la matière et l'occasion d'un nouveau fractionnement. On ne sait pas toujours si on a assez divisé et subdivisé. Ce n'est donc pas davantage là que nous devons trouver le flambeau qui doit nous éclairer et nous guider.

37ᴮᴵˢ. — A notre avis, la question doit être examinée d'une manière plus générale. plus large et avec plus d'ensemble ; c'est sur un autre terrain que nous devons nous placer ; c'est en dehors des définitions subtiles et des discussions de mots que nous devons chercher des règles d'interprétation et d'application. On dit souvent que la loi est à refaire ! — Ce n'est pas exact, et on doit se garder de tomber dans cette exagération de critique ; la loi présente des obscurités et des difficultés d'application, c'est incontestable ; mais nous pouvons éclairer ces obscurités et vaincre les obstacles en recherchant ce que la raison impose, ce que l'esprit général de la législation algérienne commande, ce que les faits historiques enseignent, en nous pénétrant du but que le législateur de 1873 a voulu atteindre, de ce qu'il a entendu, sous-entendu, pressenti ou entrevu, et non de ce qui a été dit et écrit isolément. C'est à l'aide de cette méthode que l'on complètera la loi, qu'on la fera comprendre et qu'on la rendra exécutable. Notre loi est une loi qu'il faut s'efforcer d'interpréter et d'appliquer le plus simplement possible.

Nous avons dit *(suprà n° 35)* et nous l'avons dit avec le rapport à l'Assemblée nationale, qui ne laisse aucun doute à cet égard, que l'opération prescrite par l'art. 3 de la loi de 1873 est celle prévue au n° 3 de l'art. 2 du Sénatus-consulte ; voyons donc comment le Sénatus-consulte entendait cette opération en général, et particulièrement au point de vue de la formation des groupes familiaux auxquels on délivrait des titres avec l'attribution du sol. Cet acte législatif doit, dans beaucoup de cas, servir de base à l'étude et à l'application de la loi nouvelle.

Nous prévenons que dans cette partie de notre travail, et même dans d'autres parties, il nous arrivera souvent d'employer les vieux mots *melk* (propriété privée), et *arch* (propriété de tribu), bien qu'ils soient proscrits, lorsque nous aurons besoin de rappeler ou de représenter l'ancien état des choses pour le rapprocher du présent. On ne saurait renoncer tout d'un coup à l'usage d'expressions qui font, pour ainsi dire, partie de notre histoire.

Après avoir constaté et distrait les biens beylick et les biens melk de toute nature (melk individuels et melk collectifs), conformément aux dispositions du titre III du décret du 23 mai 1863, il restait les terres de la tribu, le sol *arch* dont le caractère particulier était de manquer de titres individuels ou de famille, et de se présenter avec une possession essentiellement collective. Ces terres se divisaient en deux catégories. Les unes composaient le *communal,* sol de dépaissance ; les autres constituaient ce qu'on appelait les biens *collectifs de culture* ; ce n'est que sur les biens de cette dernière catégorie que l'on procédait à l'opération de la constitution de la propriété individuelle, prévue au titre V dudit décret.

Ainsi le territoire de culture, propre à la tribu, était composé de tout le sol qui n'avait pas été classé comme beylick, melk ou communal, et c'était ce territoire seul qui était soumis à la répartition individuelle. C'est par erreur qu'au n° 34, p. 61, nous avons compris les melk collectifs dans ce territoire.

Jusques-là, cette terre (terre collective de culture), appartenait en principe à la tribu par suite de *sa possession permanente et traditionnelle*, ou plutôt à la collectivité de ses habitants ; jusquelà ceux-ci n'étaient investis d'aucun droit privatif ; mais ce droit privatif, on le crée et on le crée au moyen d'une opération qu'on appelait déjà, à cette époque, *constitution de la propriété individuelle ou familiale*.

Chaque attributaire deviendra propriétaire individuel de ce qu'il était censé n'être que possesseur collectif. La propriété privée de l'individu ou de la famille sera substituée au collectivisme ou communauté des membres de la tribu.

Mais, c'était une erreur de croire que toutes ces terres collectives étaient jouies en commun par les habitants de la tribu ou soumises à une répartition annuelle, provisionnelle et précaire, la possession du bien arch de culture était loin de se produire avec ce caractère absolu d'indivision; ce bien était, au contraire et généralement, détenu divisément par des familles, d'une manière suivie, souvent continue, en vertu de cultures sérieuses et séparées (*suprà n° 29*); ces possessions n'avaient pas, il est vrai, un caractère d'appropriation et n'impliquaient pas un droit privatif complet; cependant elles méritaient des égards; l'équité et l'intérêt de l'agriculture exigeaient qu'on les prît en grande considération dans la répartition du sol collectif, qu'on les respectât même entièrement, autant que possible, c'est-à-dire si elles étaient bien établies, nettement accusées et se conciliaient avec les besoins et les ressources agricoles des populations.

L'économie générale du Sénatus-consulte, en cette partie, se trouve admirablement expliquée dans les instructions que M. le Gouverneur général adressait aux Commissions le 11 juin 1863. Ce passage est instructif; nous le reproduisons.

« Les terres de tribu présentent deux carac-
« tères bien tranchés : les unes, communes à la
« tribu tout entière ou à un ou plusieurs douars,
« servent au pâturage des troupeaux. Les autres,
« propres à chaque douar, comprennent les terres
« de culture, non pas indivises en fait, non pas
« communes à toutes, non pas sujettes à la répar-
« tition annuelle et arbitraire des chefs, mais

« possédées en général, par parcelles bien définies,
« par les mêmes familles qui se les transmettent
« héréditairement. Cette distinction sera soigneu-
« sement observée par la Commission, ainsi
« qu'elle a été établie dans le règlement d'admi-
« nistration publique par les dénominations de
« biens communaux et de biens collectifs de
« culture.

« Les litiges entre les douars une fois réglés et
« les biens communaux distingués des biens col-
« lectifs de culture, la Commission n'aura plus
« qu'à arrêter la délimitation de la circonscri-
« ption de chaque douar, de manière à ce qu'elle
« comprenne les biens propres du douar ainsi que
« les melk faisant l'objet des revendications dé-
« férées aux tribunaux. Quant aux biens *beylick*,
« aux biens communaux provisoirement indivis
« entre plusieurs douars, et aux *melk* non con-
« testés, ils pourront être compris indifféremment
« dans tel ou tel douar, suivant les convenances
« administratives.

« Après l'expiration du délai accordé à la
« tribu et aux douars pour former opposition aux
« revendications de biens *beylick* et de biens
« *melk*, les biens non contestés seront acquis aux
« auteurs de la revendication. Il sera dressé, par
« le Président de la Commission, un procès-verbal
« de cette attribution, et des extraits de ce
« procès-verbal seront remis aux intéressés.

« Enfin, au fur et à mesure que les tribunaux

« rendront leurs arrêts dans les affaires dont ils
« auront été saisis, les biens *beylick* ou *melk*,
« pour lesquels les douars obtiendraient gain de
« cause, feront retour, soit aux biens commu-
« naux, soit aux biens collectifs de culture.....

« La constitution de la propriété individuelle
« ne doit nécessairement embrasser que les ter-
« res de culture et consiste à y faire cesser l'in-
« division en déterminant les droits respectifs
« des familles qui les détiennent. Après l'opéra-
« tion, il n'existera plus dans le douar d'autre
« propriété collective que celle des biens com-
« munaux.

« Cette substitution de droits individuels, in-
« commutables, au droit collectif du douar sur
« une partie de son territoire, est une véritable
« révolution à opérer dans l'état de la propriété
« chez les Arabes ; c'est, en fait, l'abrogation des
« dispositions obscures du droit musulman en ce
« qui concerne la terre *arch* ou *sabega*. De plus,
« elle touche aux intérêts les plus considérables
« de la population indigène qui est essentielle-
« ment agricole et qui estime la possession fon-
« cière au-dessus de toutes les richesses. A ce
« double titre, elle mérite de fixer toute l'atten-
« tion des Commissions et se recommande d'une
« manière toute spéciale à leur esprit de justice
« et d'équité.

« Les bases d'après lesquelles doit s'opérer le
« fractionnement du droit collectif du douar n'ont

« pas été fixées d'une manière absolue, par le rè-
« glement. L'article 26 se borne à énoncer que le
« partage aura lieu en tenant compte, autant que
« possible, des jouissances antérieures, des cou-
« tumes locales, de l'état des populations. Le sens
« de ces termes généraux doit être bien compris
« par les Commissions afin que la latitude qui
« leur est laissée ne les entraîne pas au-delà des
« intentions du législateur.

« On a déjà rappelé que les terres de culture
« ne sont pas l'objet d'une répartition annuelle
« abandonnée à l'arbitraire des chefs ; qu'elles
« sont, au contraire, détenues en grande partie par
« les mêmes familles qui se les transmettront hé-
« réditairement tant qu'elles se perpétuent sur
« les lieux et qu'elles ont les moyens d'exploiter.
« Il convient d'ajouter que lorsqu'une famille
« s'éteint ou quitte le douar, ses terres font retour
« à la communauté. Il en est de même des terres
« qu'une famille laisse retomber en friche. Le
« douar dispose alors des terres non occupées
« en faveur d'autres exploitants.

« La conséquence à tirer de cet état de choses,
« c'est que toutes les familles ne sauraient pré-
« tendre au partage et qu'elles ne peuvent y être
« admises avec des droits égaux. Les individus
« qui ne sont pas originaires du douar ou qui
« n'y ont pas leur domicile ; ceux qui ne possè-
« dent pas de ressources pourront être exclus de
« la répartition, tandis que les titres les plus sé-

« rieux, sur lesquels une famille puisse appuyer
« ses prétentions résultent de l'étendue et de la
« durée de la jouissance dont elle est en posses-
« sion. Les Commissions devront donc se propo-
« ser, en général, la consécration des droits de
« jouissance existants, bien plus que l'établisse-
« ment d'une assiette nouvelle de la propriété.
« Elles ne devront créer des droits nouveaux
« qu'avec la plus grande réserve, en tenant compte
« cependant des considérations particulières qui
« pourraient militer en faveur de certaines situa-
« tions.

« Ainsi, par exemple, il existe dans les douars
« des familles considérées qui sont momentané-
« ment tombées dans le dénuement. Sous le ré-
« gime précédent, ces familles pouvaient espérer
« se relever un jour et recouvrer des droits de
« jouissance sur le collectif. Il ne serait ni équi-
« table ni politique de leur enlever aujourd'hui
« cette perspective, en les excluant rigoureuse-
« ment du partage.

« Des individus ou des familles prolétaires jus-
« qu'alors pouvaient espérer par leur travail et par
« leurs économies s'élever au rang de fellah. Il
« serait également rigoureux de les priver du bé-
« néfice auquel leur qualité de membre du douar
« pouvait leur donner droit.

« Les situations de cette nature constituent ce
« que le règlement a entendu dire par l'*état des*
« *populations*. Il y a loin, néanmoins, de cette ap-

« préciation équitable des droits de chacun à l'ap-
« plication d'une loi agraire qui troublerait pro-
« fondément la société arabe en détruisant les
« véritables bases sur lesquelles le sénatus-con-
« sulte a voulu fonder la propriété.

« La Commission aura souvent à constater
« l'existence dans les douars de certaines terres
« qui constituent, pour ainsi dire, l'apanage des
« chefs et sur lesquelles ces derniers n'ont qu'un
« droit de jouissance transitoire et révocable
« comme leur commandement. Ces terres seront
« rattachées aux biens communaux, lorsqu'il n'y
« aura pas lieu de les comprendre dans le terri-
« toire à partager.

« Dans cet ordre d'idées, les travaux prélimi-
« naires, dont les sous-Commissions auront à
« s'occuper comportent une enquête approfondie,
« dans chaque douar, sur l'état des individus,
« sur l'état actuel de la possession, sur les droits
« qui en résultent pour les occupants. Elles re-
« chercheront les usages locaux, les traditions,
« les faits historiques administratifs qui ont pu
« modifier la situation de chacun. En un mot,
« leurs investigations embrasseront les questions
« de la propriété dans tous ses détails afin de
« sauvegarder tous les intérêts.

« A l'aide de ces documents, les commissions
« prépareront, sur les lieux, un projet d'allotis-
« sement dont le cadre pourra être calqué utile-
« ment sur les opérations analogues faites par la

« Commission des transactions et partages qui a
« fonctionné dans la province d'Alger jusqu'à ces
« derniers temps. On devra respecter, autant que
« possible, les divisions anciennes du sol ; elles
« sont connues des populations, elles portent des
« dénominations qui aident à faire reconnaître
« la situation des biens de chacun sans avoir re-
« cours à des plans. »

37ᵀᴱᴿ. — Mais rien ne ressemble tant, surtout
par la forme de la possession, aux biens collectifs
de culture de la tribu que les biens collectifs
des individus ou des familles ; beaucoup de terres
melk à l'origine sont devenues arch par suite de
l'élargissement du cercle de la collectivité. Aussi,
il est arrivé que dans la pratique, de grands espaces possédés par des ferkas ont été revendiqués
comme melks et attribués comme tels à des collec-
tivités particulières, alors que rigoureusement, on
aurait dû les classer comme arch et les destiner à
l'opération de la constitution de la propriété individuelle. M. Warnier devant la Commission parlementaire s'est beaucoup plaint de cette confusion à laquelle il attribuait la facilité avec laquelle
les Commissions avaient accepté les revendications au détriment du domaine de l'État. C'est
pour prévenir ces erreurs dans l'application de la
nouvelle loi, qu'on résolut de faire porter l'opération de l'établissement du droit individuel sur
toutes les terres de possession collective, qu'elles

fussent *melk* ou *arch* ; et c'est dans ce but et cette pensée qu'on introduisit dans la législation algérienne, ainsi que nous l'avons déjà dit *(suprà p. 66)*, le langage propre au législateur français : qu'on supprima les vieilles et obscures expressions et que la propriété collective sur laquelle on voulait constituer le droit individuel dût comprendre tout à la fois les terres collectives de tribu proprement dites et les terres collectives de familles; ces deux catégories étant assimilées n'en firent plus qu'une dans une classification nouvelle.

38. — Cela posé, si la troisième opération prescrite par le sénatus-consulte avait été commencée, nous aurions là un exemple que nous pourrions suivre, sauf à étendre, à toute terre de possession collective, l'opération de constitution réduite par cet acte législatif au sol arch. Mais si la pratique ne nous fournit pas de règles devant être suivies, nous pouvons cependant trouver quelques renseignements utiles dans ce qui a été écrit à cette occasion :

« La constitution de la propriété individuelle,
« consiste, disaient les instructions ci-dessus
« rapportées, à faire cesser l'indivision en déter-
« minant les droits respectifs des familles qui dé-
« tiennent. Après l'opération il n'existera plus dans
« le douar d'autre propriété collective que celles
« des biens communaux. »

C'était donc aussi un partage entre les familles qu'il s'agissait de faire, et dans les proportions de leur détention.

Il est maintenant facile de voir comment le législateur de 1863 constituait la famille par rapport à la terre collective soumise à l'établissement de la propriété individuelle.

Si on devait attribuer aux familles, selon la possession de chacune d'elles, c'est qu'il était admis que chacune d'elles avait une possession distincte et séparée; cette disposition implique la division entre les groupes familiaux. Par conséquent la famille était le groupe de parents représentant une unité d'intérêts dans la possession. C'étaient plusieurs frères réunis, ou un oncle avec ses neveux et petits-neveux; c'était quelquefois une branche entière du même tronc, quelquefois même une sous-branche ou rameau.

Le groupe possesseur était, en général, toujours formé selon le degré et le lien de l'hérédité et de l'affinité. En un mot la famille attributaire correspondait à la possession indivise et commune d'un groupe, distincte et séparée de la possession indivise et commune d'un autre groupe. Elle était quelquefois fort nombreuse, quelquefois fort restreinte.

Mais alors dira-t-on, il n'y avait donc pas de collectivisme, d'indivision, entre ceux-ci, et dans ce cas pourquoi un partage?

Il faut remarquer que le collectivisme dont

il s'agit et au milieu duquel on opérait était d'une nature particulière. En effet, il consistait non pas dans une indivision proprement dite, dans une communauté, comme le Code civil l'entend, mais bien dans l'absence de titres écrits, régulièrement translatifs de propriété, dans le défaut de limites, dans le caractère provisionnel, mobile et précaire de la possession à l'égard de la tribu seule propriétaire en vertu de sa possession arch permanente et traditionnelle, dans le vague et la confusion générale des droits des possesseurs, dans l'état de dépendance que cette situation créait au sein de la famille arabe ; toutes circonstances qui constituaient l'une des causes et l'un des côtés de l'agrégation des habitants de la tribu, agrégation qui, pour le dire en passant, est loin d'être ce qu'elle était il y a vingt ans et que l'application du décret du 31 décembre 1859, sur l'organisation de la Justice musulmane, a bien affaiblie.

Cette famille-là est celle que rencontra et qu'adopta, dans la délivrance des titres, la Commission des transactions et partages instituée pour adoucir les rigueurs de l'ordonnance du 21 juillet 1846.

Ce mode de former l'unité familiale écarte l'arbitraire et l'obscurité des définitions et repose sur un fait parfaitement saisissable. Nous pensons qu'on doit l'adopter dans l'application de la loi du 26 juillet 1873, et ce, avec d'autant plus de raison, qu'il répond à ce que M. Warnier avait entrevu dans ses définitions devant la Commission supérieure de la propriété indigène, et au but de la loi qui est de fractionner le sol, de désagréger la tribu par la suppression du collectivisme des masses de jouissants, et de réduire le plus possible l'indivision.

39. — Nous savons maintenant qu'il est de condition nécessaire que plusieurs familles soient propriétaires collectifs d'une même surface, pour que cette surface puisse être classée comme étant de propriété collective ; nous savons aussi comment on doit former la famille par rapport à la terre. Mais, l'article 3 exige, en outre, que la propriété collective soit constatée au profit de la collectivité, préalablement à l'opération de la constitution de la propriété individuelle ; or, dans quelles conditions cette constatation aura-t-elle lieu ? Nous répondons que la justification du droit collectif doit être faite conformément à la loi commune ; et le titre de la loi commune, sur ce point, ne pourra souvent être autre que la possession permanente et traditionnelle (et même la simple possession exigée par la loi musulmane pour prescrire, si les autres conditions requises existent), supérieure, du reste, à tous autres titres, prévue à l'article 1er du sénatus-consulte. Lorsque cette possession sera constatée au profit de l'universalité des groupes assis sur une terre, on procèdera au partage entre ces derniers.

C'est ainsi qu'on opérait dans l'application du sénatus-consulte pour la terre *arch*.

En fait, l'opération est fort simple et le sol collectif se dégage, pour ainsi dire, tout seul.

Lorsque les Commissions du sénatus-consulte entraient sur le territoire d'une tribu, elles classaient comme *beylick* les surfaces revendiquées par l'État à un titre domanial, et comme *melk* celles revendiquées par des particuliers et des familles, quel que fût leur nombre, si ces revendications étaient acceptées. Le surplus appartenait à la tribu comme *arch* et était réservé (sauf les communaux) à la constitution de la propriété individuelle.

Aujourd'hui c'est le commissaire-enquêteur qui a remplacé les Commissions. Lorsqu'il arrivera dans une tribu, il classera comme terres de propriété privée toutes les surfaces qui appartiendront à un ou plusieurs individus étrangers l'un à l'autre, ou à un groupe de parents occupant à l'état d'indivision, ne formant qu'une unité d'intérêts, et justifiant de leur droit par des titres conformes à la loi commune. S'il s'agit d'un immeuble appartenant à l'État, il sera classé comme tel.

Tout le reste, (sauf toujours les communaux), plus ou moins occupé par de petites communautés de parents vivant dans un collectivisme plus ou moins complet, composera les surfaces de propriété collective ; et on y établira le droit individuel.

40. — D'après le sénatus-consulte, tout le territoire de culture de la tribu devait être alloti et entièrement partagé entre les individus et les familles, sans réserves au profit du domaine de l'État. Mais le législateur de 1873 voulait faire participer la colonisation au partage du sol collectif; pour cela il fallait trouver une combinaison qui permît de faire le lot de l'Etat et de revenir indirectement contre les attributions aux indigènes des grands melk dont l'étendue dépassait leurs besoins.

Or, cette combinaison était toute trouvée; elle résidait en germe dans une opération qui avait été déjà expérimentée, dans le *cantonnement*. C'est alors qu'on déclara que la propriété du sol collectif ne serait attribuée aux membres de la tribu que *dans la mesure des surfaces dont chaque ayant droit à la jouissance effective* ; le surplus devant appartenir soit au douar, soit à l'État.

Le projet de loi que le Gouvernement présenta à l'Assemblée nationale, maintenant l'ancienne distinction des melk et des arch, n'exigeait la possession comme condition d'attribution que pour les terres arch; mais comme cette distinction était contraire à la règle que la Commission voulait faire prévaloir, elle fut repoussée.

Au surplus, si on veut y regarder de près, on trouvera que cette disposition de la loi nouvelle n'est que la conséquence des prescriptions de la

loi musulmane en matière de droit foncier et du
principe posé par le sénatus-consulte qui n'admet
la propriété des tribus et de leurs habitants que
sous la condition de la possession. principe dont
l'article 26 du décret du 23 mai 1863, qui ordonne que l'attribution sera faite en tenant compte,
*autant que possible, de la jouissance antérieure
et des coutumes locales,* n'est, jusqu'à un certain
point que la conséquence.

Disons, à ce propos, que le sens général de ces
dispositions du décret, d'après les instructions
interprétatives, dispositions dont le commissaire-
enquêteur devra s'inspirer sans cependant s'y
asservir puisqu'elles ont été faites pour une situation qui ne faisait pas de la possession effective
la condition rigoureuse et *sine quâ non* de l'at—
tribution *c'est que toutes les familles ne pouvaient
prétendre au partage et qu'elles ne pouvaient y
être admises avec des droits égaux....... que les
titres les plus sérieux, sur lesquels une famille
pouvait appuyer ses prétentions, résultaient de la
durée et de l'étendue de sa jouissance........ Les
Commissions devaient se proposer, en général, la
consécration des droits de jouissance existants,
bien plus que l'établissement d'une assiette nouvelle
de la propriété.* Il est vrai qu'il était aussi recom·
mandé de tenir compte de l'*état des populations* ;
mais c'était pour arriver à comprendre dans l'allotissement, sans nuire aux possesseurs effectifs,
d'anciennes familles considérées, momentanément

tombées dans le dénuuement, et des familles prolétaires qui auraient pu, par leur travail et leurs économies, s'élever au rang de fellah.

Ainsi donc, d'après notre loi, chaque famille n'a droit qu'à la surface dont elle jouit effectivement, mais elle a droit à toute cette surface, par la seule force de sa possession, sans être tenue de justifier par titre particulier d'un droit antérieur et personnel sur la parcelle possédée. Si on veut comprendre dans l'allotissement des khammès intéressants ou des individus à récompenser, on ne peut le faire qu'avec des terres disponibles.

44. — Cette prescription, d'une gravité considérable, puisqu'en définitive, le melk collectif n'est conservé à son propriétaire, par titres. qu'autant qu'il est possédé effectivement, a fait reculer certaines opinions fort autorisées devant son exécution, et provoqué une interprétation ou un système que nous allons exposer en quelques mots :

« Les deux premiers paragraphes de l'article 3, dit-on, ne sauraient s'appliquer qu'au sol *arch* appartenant à la tribu, *ut corpus*, et rien qu'au sol arch, ainsi que le prescrivait le sénatus-consulte ; l'opération de la constitution prescrite ne peut porter sur le sol où la propriété privative existe et est constatée, que cette propriété soit individuelle ou collective, indivise entre les membres d'une même famille ou de plusieurs familles.

En effet, où le droit privatif existe, il n'y a pas
à le créer ; on doit se borner à le constater et à le
fixer par le titre familial. Le résultat est le même
au point de vue général de l'établissement de la
propriété, mais les moyens sont différents.

Avec le système présenté par M. Warnier, après
la promulgation de la loi, devant la Commission
supérieure de la *propriété indigène* et en dehors de
son caractère de législateur, on arrive à des résultats étranges : Les individus de deux familles
propriétaires d'un melk sont, en droit rigoureux,
investis du droit privatif au même titre que l'individu isolé ou que les membres d'une même famille ; et cependant, pour les premiers, les titres
patrimoniaux et de droit commun n'existent plus ;
ils s'effacent devant la possession actuelle, possession souvent accidentelle, obscure et injuste, et
devant la non-possession, alors que personne
autre ne possède. Quant aux seconds qui, par ha-
sard, ont l'avantage d'être sortis en partie de l'indivision, qui possèdent un peu moins collectivement que les autres, parce qu'ils ne forment
qu'une famille composée de vingt-cinq personnes, au lieu de deux familles composées de quinze
personnes (ce qui pourra arriver), ils conservent
tout le bénéfice de la loi commune, n'ont pas à
craindre que l'État vienne leur prendre les parcelles sur lesquelles leur possession effective est
discutable, et sont ainsi maintenus dans la plénitude de ce qu'on appelle le droit de propriété
privée.

Bien plus, le droit privatif des familles groupées sur une terre, aura été réglé par des contrats et des décisions de justice récentes intervenues quelquefois entre les familles, quelquefois même entre les membres d'une même famille, quelquefois aussi à l'égard de l'Etat et contre lui ; et les titres et l'autorité de la chose jugée seront sans force pour protéger les revendiquants, alors qu'une famille voisine, qui ne pourra pas davantage invoquer le fait de la possession, se fera attribuer une partie de cette même terre, par la seule vertu de ses anciens titres ; et ces deux catégories de familles ne se seront peut-être séparées que depuis quelques années, et, pour les unes et les autres, la terre sera, presque toujours, une terre patrimoniale !

Il arrivera même que l'auteur commun aura fait lui-même le partage ?

Tout cela est-il possible ? N'est-ce pas déplacer la propriété privée chez les Indigènes ? N'est-ce pas créer un droit nouveau contredisant celui antérieur qui disparaît complètement ? N'est-ce pas ressusciter le cantonnement ?

M. Warnier, dans son rapport, affirme que la loi nouvelle ne touche, en aucune façon, aux droits de propriété et de jouissance des Indigènes, *tels qu'ils existaient au moment de la conquête ou tels qu'ils ont été réglés et constitués depuis* ; que la Commission parlementaire, en particulier, s'est imposé l'obligation de respecter religieusement *les droits acquis* de toutes sortes, qui découlent de la situation faite jusqu'à ce jour ; — or, serait-ce respecter les *droits acquis* des familles et de leurs membres si on changeait aujourd'hui leur assiette, leur étendue et leur proportionnalité, en permettant au domaine de l'Etat de s'emparer de toute portion de terre qui ne serait pas utilement possédée, et de troubler la répartition de la loi successorale ?

Si l'attribution, selon la possession, est inconciliable avec le droit, lorsqu'il s'agit de propriété privative, on la comprend, au contraire, facilement lorsqu'il s'agit d'un sol de tribu. Ici, en effet, la propriété est à la tribu, les habitants n'ayant qu'une faculté d'usage, irrégulière et précaire ; l'attribution comme on la veut ne lèse aucun *droit acquis* ; c'est, au contraire, l'application d'un principe économique fort équitable, d'après lequel la terre, en l'absence d'appropriation préexistante, doit être répartie en proportion des forces agricoles et contributives de chacun.

Nous savons bien qu'avec l'interprétation de la Commission supérieure de la *propriété indigène*, l'Etat, devenant propriétaire de toutes les surfaces non possédées, a intérêt à élargir le plus possible ce périmètre et à y englober, par conséquent, une partie du melk ; mais cette considération, quelque puissante qu'elle soit au point de vue de l'intérêt de la colonisation, ne saurait nous dispenser de donner à la loi le caractère et la portée que nous croyons lui appartenir.

Si les Commissions du sénatus-consulte ont été, comme le leur reproche M. Warnier, trop généreuses pour les Indigènes, si le domaine de l'Etat a été, jusqu'à ce jour, quelque peu négligé, ce que nous ne devons pas savoir ici, ce n'est pas à l'interprétation plus ou moins arbitraire de la loi qu'il faut demander une compensation, mais bien à des mesures d'un autre ordre que la connaissance et la pratique des intérêts généraux de l'Algérie indiquent.

Et puis, en y réfléchissant bien, cet intérêt de l'Etat peut être parfaitement sauvegardé par une application intelligente de la loi et des principes qui régissent les *biens vacants et sans maîtres*.

Enfin, si les *melk* collectifs sont, soumis comme les immeubles *arch*, à l'opération de constitution réglée par le chapitre 2 du titre II, c'est remettre à la justice discrétionnaire du commissaire-enquêteur des intérêts considérables et substituer la juridiction personnelle de ce fonctionnaire à celle des tribunaux ordinaires en matière de questions de propriété, ce qui est impossible. »

42. — Telle est l'objection dans tout son développement ; mais nous y avons déjà répondu *(suprà* nos 37bis et 37ter) et nous renvoyons à cette réponse. Quelque sérieuses que soient les considérations produites à l'appui de l'objection, elles doivent fléchir devant l'interprétation presque législative donnée par M. Warnier.

Quant à la partie de l'argumentation relative à l'incompétence des tribunaux ordinaires pour les questions que l'opération de constitution pourra soulever, elle n'est pas dépourvue d'une certaine gravité. Nous nous en occuperons à l'article 20.

43. — La jouissance, prévue par notre article, doit être *effective*, c'est-à-dire sérieuse, réelle, manifestée par des actes. Elle doit, en outre, être non pas précisément *animo domini*, mais au moins *animo utendi pro suo emolumento*, dépouillée de toute précarité. Ainsi le fermier, le khammès, l'antichrésiste, le tuteur, ont une jouissance précaire ; leur possession sert au propriétaire et non à eux-mêmes.

Comme il ne s'agit pas d'une possession devant réunir les conditions légales pour la prescription, on n'exige pas qu'elle se présente avec une durée déterminée. Il ne suffit cependant pas qu'elle soit accidentelle, éphémère, passagère, simplement actuelle ; il faut qu'elle se produise avec un passé qui implique la volonté de persévérer ; il appartient aux commissaires-enquêteurs d'en apprécier l'état et les caractères. Les rôles d'impôt constituent un élément précieux de recherche utile à consulter, mais non un document devant servir de règle absolue

En général, toute entreprise sérieuse et utile sur une terre morte constitue un acte de *vivification* équivalant à la possession. Il ne faut pas oublier que la culture des indigènes est surtout extensive et que, par suite de l'insuffisance des moyens de labour, ils laissent reposer la terre pendant plusieurs années ; les *jachères* doivent donc entrer dans les terres occupées.

D'un autre côté, l'Arabe fait acte de jouissance non-seulement par la culture, mais encore par le pacage ; ce sont ordinairement les terres de qualité inférieure qui sont affectées au pacage.

Les terres de broussailles (non forestières) peuvent aussi être l'objet d'une possession utile, de la part de celui qui, par un moyen quelconque, en tire un produit continu et appréciable.

44 — Si un immeuble, après avoir été possédé effectivement, a cessé de l'être, l'attribution dépendra du point de savoir si l'occupation a cessé sans esprit de retour de la part de l'occupant : si oui, sa réclamation n'est pas écoutée.

45. — Une terre est revendiquée par dix individus, et comme l'Arabe connaît la valeur de la possesion, tous les revendiquants ne manquent pas de l'invoquer. La vérité est difficile à découvrir, car chacun est peut-être un peu dans le vrai. L'un possède un moksem et veut, au moyen d'une confusion toujours possible lorsqu'il s'agit de terres et de dénominations arabes, faire admettre ce moksem comme englobant tout l'immeuble ; l'autre a joui d'une manière exclusive ;

mais cette jouissance, à durée intermittente, lui a été constamment disputée. Ici c'est tel individu qui, en apparence, cultive et récolte pour son compte, mais, en réalité, en qualité de chef de famille ou d'antichrésiste investi d'actes anciens (nous avons vu de ces actes qui remontaient au-delà d'un siècle). Là, c'est un homme puissant qui s'est violemment emparé de la terre d'un faible *fellah* qui n'ose se plaindre.

Ce sont autant de situations qu'il faudra saisir et distinguer.

46. — Nous savons qu'un droit de propriété disputé et agité n'en est pas moins un droit de propriété *(sup.rà* n° 28). Il en est de même de la possession ; c'est une question d'appréciation. C'est surtout la possession de l'époque de la promulgation de la loi et du transport du commissaire-enquêteur sur les lieux qu'il faut interroger.

Voici, à cet égard, ce qui peut se présenter : Des groupes de familles qui n'auraient jamais possédé, ou appuyés d'une possession antérieure dont ils auraient été évincés, réclament une terre soit à l'Etat, soit à des particuliers. Leur demande n'a pas encore reçu de solution au moment où le commissaire-enquêteur commence ses opérations.

Si les réclamants sont déclarés ultérieurement propriétaires, il est bien certain que la possession leur manquera lorsqu'il s'agira de constituer ;

7

que doit-on faire en pareil cas ? L'Etat ou le douar pourra-t-il exciper du défaut de possession pour exclure les propriétaires de l'attribution ?

Les individus qui auront perdu leur procès, qui possédaient au moment des opérations, pourront-ils revendiquer cette attribution à leur profit ? — Non ; ces derniers, comme l'Etat et le douar, devront être repoussés, car si les propriétaires n'ont pas une jouissance à présenter, c'est par suite d'une circonstance indépendante de leur volonté et de leurs facultés agricoles ; ils étaient en instance judiciaire, ou en instance amiable devant l'administration, peu importe ; déjà, depuis un certain temps, depuis quelques années peut-être, ils avaient manifesté leur intention énergique d'occuper ; et s'ils n'ont pas réellement occupé, c'est qu'ils ont été matériellement empêchés. L'immeuble restera donc aux véritables propriétaires ; le partage sera fait entre eux, mais dans ce cas, il sera fait conformément au droit de chacun et non d'après une possession qui n'existe pas.

Il y a des immeubles sur lesquels les tribus avaient autrefois l'habitude de se rencontrer pour vider leurs querelles ou dont elles se disputaient la jouissance à coup de fusil ; cette circonstance leur a fait donner la dénomination de *Blad-el-baroud* (terre de la poudre).

La possession de ces immeubles a donc toujours été incertaine ; aussi l'Etat les a-t-il constamment revendiqués comme biens vacants, et la justice a consacré ses prétentions. Mais, il peut arriver que tel Blad-el-Baroud est aujourd'hui réellement détenu et cultivé par des familles ; dans ce cas, le droit antérieur de l'Etat doit s'effacer comme s'effacerait celui des familles qui ne possèderaient plus.

47. — Les *azel* (qu'il ne faut pas confondre avec le sol arch) ne sont aux mains des occupants qu'à titre précaire et doivent rester à l'Etat. Néanmoins, si lors de l'application du sénatus-consulte des terres *azel* ont été laissées à des indigènes à titre de propriété (et cela était dans l'esprit des instructions générales) et que ces indigènes aient continué à occuper, ces attributions doivent être respectées.

Les territoires maghsem sont assimilés aux territoires *arch* ou *sabega*.

48. — Bien que la possession soit un titre nécessaire pour entrer dans le partage de la propriété collective *(suprà n°.40)*, les titres écrits ne sont cependant pas tout à fait dénués de valeur.

Ils feront tout d'abord présumer la possession en faveur de ceux qui en seront porteurs ; on sera particulièrement sévère pour la jouissance qui leur serait contraire, et on demandera à cette jouissance une plus longue durée sans cependant exiger qu'elle ait un caractère de prescription. Si les titres sont sincères, anciens et précis, ils accuseront presque toujours un caractère précaire chez le possesseur qui voudra les repousser sans autre explication que l'adage latin : *possideo quia possideo.* En un mot, les titres ont une valeur, mais cette valeur n'est que relative et secondaire. Ils peuvent servir à éclairer le fait de la possession, à secourir une possession timide et à combattre une possession violente ; mais ils ne sauraient jamais se substituer par eux-mêmes à la jouissance effective.

Les titres, dont nous entendons parler, sont ceux qui comprennent des transactions immobilières quelconques et qui impliquent des faits de jouissance, tels que ventes, échanges, partages, antichrèses, etc.

C'est aussi dans cette pensée et avec cette réserve qu'au nº 34, p. 64, nous avons parlé de l'attribution *selon les titres* sous le régime du sénatus-consulte.

49. — Ce n'est pas seulement dans les territoires reconnus être de propriété collective par les opérations de la loi nouvelle que l'on procèdera à l'établissement du droit individuel, mais c'est encore sur les territoires reconnus tels par l'exécution du sénatus-consulte. Ces derniers territoires comprennent d'abord, et sans aucun doute, les *biens collectifs de culture de la tribu.* Comprennent-ils aussi les melk collectifs attribués par

les Commissions et les décrets aux familles revendiquantes? Nous devons répondre affirmativement
puisque la loi ne distingue pas et énonce en général *tous les territoires où la propriété collective
aura été constatée par application du sénatus-
consulte*... Seulement (et cette distinction est importante), dans les périmètres déjà classés comme
biens collectifs de culture, le commissaire-enquêteur n'aura qu'à procéder à la constitution de la
propriété individuelle, puisque la propriété privée est présumée ne pas y exister ; dans les
autres périmètres classés melk, sans indication
de melk individuels ou collectifs, il opérera
comme si le sénatus-consulte n'y avait pas été
appliqué. Les anciens melk individuels qu'il
reconnaîtra et qui seront restés tels, il les classera
comme étant de propriété privée ; les anciens et
nonveaux melk collectifs (ce qui était individuel
a pu devenir collectif), il les constatera comme
étant de propriété collective ; en un mot il procèdera, à nouveau. à une opération générale de
classement. Il utilisera le travail des Commissions
du sénatus-consulte, mais seulement à titre de
renseignement ou de base.

Nous ne nous dissimulons pas qu'une telle mesure est une atteinte aux faits accomplis, aux
droits acquis et presque à la chose jugée ; mais
c'est la loi qui le veut ainsi, et la loi claire et précise dans son texte et son esprit, la loi souveraine
et supérieure à toutes considérations (Voir les
citations *infrà* n° 50).

Nous dirons, en outre, que le législateur ne pouvait guère disposer autrement, sous peine de diviser les tribus de l'Algérie en deux catégories distinctes : les unes traitées avec mansuétude par le sénatus-consulte de 1863 ; les autres considérées avec sévérité par la loi de 1873 ; or, un tel mode d'agir envers les tribus qui ont les mêmes droits devant l'administration ne saurait entrer ni dans les idées de justice du législateur, ni dans les vues politiques du gouvernement.

50. — Une autre question, qui se rattache à celle-ci, se présente : Quels sont les droits de l'État relativement aux revendications qu'il veut ou peut exercer en conformité des lois qui régissent son domaine, dans les territoires où il a été procédé aux deux premières opérations du sénatus-consulte ?

A la lecture de la partie de l'article 3 qui dispose que dans l'opération de constitution les *surfaces non possédées appartiendront, soit au douar comme biens communaux, soit à l'État comme biens vacants ou en déshérence par application de la loi du 16 juin 1851*, il semble que le législateur a entendu maintenir entière l'application de l'article 4 de cette dernière loi et que l'État est désormais réintégré dans la plénitude de son droit de revendication de toute terre qui pourrait lui appartenir à titre de vacance, de déshérence, ou même à tout autre titre, comme si le sénatus-consulte n'avait pas été appliqué ou comme si les résultats de son application étaient effacés. Mais on comprend, sans peine, par ce que nous avons dit sur la valeur du sénatus-consulte au regard de la présente loi, que telle n'a pas été la pensée du législateur.

En effet, le décret du 23 mai 1863 contenait les dispositions suivantes qu'il est important de rapporter textuellement :

« Article 10. — Dans les deux mois de la pu-
« blication prescrite par l'article 1er du présent
« décret, les propriétaires des biens *melk* et le
« service des Domaines, en ce qui concerne les
« biens *Beylick* situés sur le territoire de la tribu
« ou des douars, devront, à peine de déchéance,
« former leur revendication devant le Président
« de la Commission. — Les revendications pour-
« ront être exercées, dans l'intérêt des absents
« ou des incapables, par le cheikh du douar.

« Il sera dressé un état des propriétés *melk* et
« *Beylick* qui auront été revendiquées, indiquant
« leurs limites, leurs dénominations particulières,
« les noms des auteurs de la revendication et les
« faits invoqués à l'appui. A cet état seront an-
« nexés les plans ou croquis visuels qui seraient
« jugés nécessaires.

« Article 11. — Les revendications seront
« immédiatement communiquées aux représen-
« sentants des tribus et des douars intéressés,
« qui devront, dans le délai d'un mois, à partir
« du jour de cette communication, sous peine
« de déchéance, faire opposition à celles des

« revendications qu'ils ne croiraient pas fon-
« dées.

« Ce délai expiré sans opposition, les biens
« melk et les biens Beylick seront acquis aux
« auteurs de la revendication.

« En cas d'opposition, le revendiquant devra,
« à peine de nullité, former sa demande en jus-
« tice dans le mois qui suivra la communication
« qui lui aura été faite de cette opposition.

« Article 12. — Les contestations auxquelles
« donneraient lieu les revendications des biens
« *melk* et *Beylick* seront à la diligence des par-
« ties intéressées portées devant la juridiction
« compétente.

« L'appel sera porté devant la Cour impériale
« d'Alger. Les instances introduites ne suspen-
« dront pas la marche des opérations des Com-
« missions.

« Article 13. — L'ensemble des travaux con-
« cernant la délimitation des douars et les reven-
« dications, et les reconnaissances des biens melk
« et Beylick sera résumé dans un rapport auquel
« seront annexés les procès-verbaux, plans, co-
« pies de jugements et autres pièces relatives
« aux opérations.

« Ce rapport sera dressé au général comman-
« dant la division ou au Préfet, selon le terri-
« toire, et transmis par lui, avec son avis, au
« Gouverneur général qui constatera la régula-
« rité des opérations.

« Les opérations ne seront définitives que
« lorsqu'elles auront été sanctionnées par des
« décrets rendus sur la proposition du Gouver-
« neur général et sur le rapport du Ministre de
« la Guerre.... »

D'un autre côté, nous lisons le passage suivant dans le rapport de M. Warnier :

« A l'occasion de la discussion de l'article 3 au
« sein de la Commission, et entre la Commission
« et le Gouvernement, a été soulevée la question
« de savoir si, dans les territoires qui ont été
« soumis aux deux opérations préliminaires de
« l'article 2 du sénatus-consulte du 22 avril 1863,
« opérations sanctionnées par des décrets impé-
« riaux, les revendications de l'Etat allaient se
« rouvrir, non-seulement au titre de la déshé-
« rence ou de la carence, mais encore au titre
« des droits domaniaux qui ont pu être omis ou
« négligés volontairement.

« Après de longs débats contradictoires dans
« lesquels les droits et les intérêts de la coloni-
« sation et de l'indigénat ont été pesés avec une
« égale sollicitude, la Commission, unanime sur ce
« point et d'accord avec le gouvernement, a émis
« l'avis qu'il était aussi inutile qu'impolitique de
« revenir sur des faits accomplis, du moment où,
« par application de la troisième disposition du
« susdit article 2, objet principal de la présente loi,
« c'est-à-dire la constatation et la confirmation
« de la propriété privée là où elle existe et son

« établissement là où elle n'est que collective, le
« domaine pouvait, en exécution du deuxième
« paragraphe de l'article 5 du même sénatus-
« consulte et en vertu de l'article 539 du Code
« civil revendiquer comme *biens vacants* tout ce
« qui n'était pas possédé ou joui effectivement,
« *quelle que fût l'origine des biens avant la va-*
« *cance.* »

C'était toujours la même pensée que l'honorable Rapporteur exprimait plus tard devant la
Commission supérieure saisie de la même question.

Voici ce que dit le procès-verbal à ce sujet :

« M. Warnier ne voit que deux ordres de re-
« vendications possibles pour le Domaine : 1° cel-
« les qui porteraient sur des biens vacants ou en
« déshérence et pour l'exercice desquelles l'Etat
« n'a jamais été désarmé, puisque la loi du 16
« juin 1851 (art. 4) réserve expressément ses
« droits sur cette catégorie d'immeubles ; 2° celles
« qui s'appliqueraient à des biens domaniaux in-
« dûment attribués à des indigènes par les dé-
« crets relatifs à l'application du sénatus-con-
« sulte. Sur ce deuxième point, le rapport de la
« commission parlementaire dit, d'une façon po-
« sitive, qu'il ne saurait être question de revenir
« sur les faits accomplis.

« M. le Chef du Service des Domaines fait res-
« sortir que les décrets dont il est question n'ont
« pas prononcé l'attribution des terrains qualifiés

« *melk* à tel ou tel indigène ; ils ont seulement
« déclaré que tel ou tel polygone, telle ou telle
« masse de terrains, ce que l'on appelait des
« *groupes*, était melk, c'est-à-dire possédés à ti-
« tre privatif, par divers individus non dénom-
« més. Ce qui restait à faire et ce que la nouvelle
« loi prescrit précisément de faire, c'est la répar-
« tition entre les individus de ces groupes que
« l'on n'avait reconnus que périmétriquement.
« Or, s'il arrivait que dans le travail de recon-
« naissance qui précèdera cette répartition, le
« commissaire-enquêteur constate que certaines
« propriétés ne sont en la possession de per-
« sonne, l'opinant estime que le Domaine serait
« en droit de les revendiquer...............

. . . .

« M. le Chef du Service des Domaines dit que,
« d'après lui, la désignation de terrain *melk*,
« donnée à certains groupes par les décrets à la
« suite du sénatus-consulte, n'exclut nullement
« les revendications de l'Etat. Le Domaine ne
« peut-il pas, en effet, tout comme un particu-
« lier, avoir des droits sur une partie d'un groupe
« défini en bloc, *groupe melk*, et les faire dès lors
« valoir et constater, tout comme les individus
« devant le commissaire-enquêteur et, au besoin,
« devant les tribunaux ? »

Il est donc bien établi qu'en principe le législateur de 1873 a la volonté de maintenir les déchéances encourues par l'État en vertu de l'exé-

cution du sénatus-consulte, et que l'article 4 de la loi du 16 juin ne peut être invoqué qu'avec cette réserve.

Cependant, si depuis les opérations un immeuble classé comme melk est régulièrement échu à l'Etat en tout ou en partie, par voie de déshérence ou d'héritage ou par tout autre moyen ayant pris naissance postérieurement, celui-ci pourra le revendiquer.

Néanmoins, ainsi qu'on l'a dit, cette règle n'est réellement et pleinement appliquée que lorsqu'il s'agit de terres de propriété privée, et ne saurait profiter aux indigènes lorsqu'il s'agit de territoires de propriété collective. En effet, comme pour ces territoires la règle suprême, aux termes de la loi nouvelle postérieure au sénatus-consulte, que le législateur a voulu et entendu modifier sur ce point, c'est la possession et l'attribution à l'État des surfaces non jouies, sans distinction d'origine, il en résulte que ce dernier peut définitivement échapper aux déchéances, ou plutôt, peut retrouver indirectement ce qu'il a perdu ou d'autres superficies compensatoires.

M. Warnier dit que le Domaine exerce cette reprise à titre de vacance et de déshérence : — de vacance, oui ; — de déshérence, non.

50bis. — Si les revendications générales de l'Etat ne sont pas recevables lorsque le classement des melk a été individuel, après accomplissement des formes et conditions légales, le sont-elles lorsqu'il a été fait en bloc et par périmètre ?

Cette question, du même ordre que les précédentes, a un certain intérêt pratique, car il paraît que, dans beaucoup de cas, les Commissions et les décrets ont ainsi procédé ; nous venons de voir que ce fait a été affirmé par M. le Directeur des Domaines.

Aux termes des articles 10, 11, 12 et 13 du décret du 23 mai, cités plus haut, deux conditions sont nécessaires pour que le caractère *melk* soit définitivement acquis à une terre et soustraite à l'action de l'État ; il faut : 1° qu'elle ait été revendiquée particulièrement devant la Commission ; 2° que la revendication n'ait été suivie d'aucune opposition de la part de la tribu ou des douars, et que l'Etat ne l'ait pas revendiquée lui-même comme bien beylick, ou que les tribunaux saisis des revendications et oppositions l'ait déclarée melk ; 3° que l'ensemble des travaux concernant la délimitation, les revendications et les reconnaissances ait été sanctionné par décret.

Si ces trois conditions ne sont pas accomplies, la terre ne peut être *acquise aux auteurs de la revendication* (article 11) ; le sénatus-consulte n'ayant pas été exécuté en ce qui les concerne, ne protége pas le possesseur qui se trouve toujours sous le coup des dispositions des lois antérieures.

En présence de ce principe, on peut dire, en

faveur de l'État, que pour les immeubles compris dans un classement général, le sénatus-consulte n'a pas été appliqué. Il importe peu que le procès-verbal des Commissions, homologué par un décret impérial, les déclare immeubles de propriété privée ; cela ne suffit pas, ou plutôt cela est inopérant, si la revendication essentielle à l'existence et à la constatation du droit n'a pas eu lieu, et l'attribution individuelle faite.

Comment le possesseur pourrait-il aujourd'hui invoquer le bénéfice des susdits articles du décret ? on lui répondrait : « Avez-vous revendiqué selon la prescription de l'article 10 ? votre revendication a-t-elle été publiée et soumise à l'examen de la tribu ? — Non. — Vous n'avez donc pu être saisi, envers qui que ce soit, d'un droit de propriété qui était subordonné à une revendication non suivie d'opposition.

« Vous êtes encore fort heureux que la tribu ne puisse pas invoquer la déchéance à son profit. »

L'Etat, qui était aussi tenu de présenter ses réclamations pour les biens beylick et qui ne l'a pas fait, se trouve dans la même position. De même qu'il pourra discuter les possesseurs des *melk* classés en bloc, de même on pourra le discuter pour les biens beylick dont le classement aura été fait en dehors des formes prescrites.

Les parties sont dans l'état où elles étaient avant le décret.

Cette solution semble rigoureusement conforme

aux principes ; cependant, nous ne sommes pas d'avis de l'adopter. En effet, si les opérations n'ont pas été régulières et complètes, ce n'est pas la faute des indigènes qui ne comprenaient rien à cette procédure et qui y étaient, en fait, étrangers, puisqu'on devait les éclairer, les diriger et même remplir pour eux les formalités que la loi mettait à leur charge ; comment alors leur faire supporter les inconvénients et les conséquences de la situation ? Ce ne serait pas juste ; et puis l'État ne serait-il pas irrecevable à profiter d'une situation irrégulière par son fait ? D'un autre côté, il existe en définitive un décret non attaqué qui a validé les opérations et qui, en les déclarant régulières, leur a accordé la valeur d'un classement légal.

Il est bien entendu que lorsque nous parlons de territoires sénatus-consultés, nous supposons que les décrets approbatifs des travaux des Commissions ont été rendus ; quant aux procès-verbaux non approuvés, ils ne peuvent servir qu'à titre de renseignement.

50ᵐᵉ. — Ici se place encore une autre question, toujours pour les terres de droit privé.

La revendication, admise au profit d'un possesseur, conformément aux articles 10 et suivants dudit décret, constitue-t-elle un droit définitivement acquis, non seulement contre la tribu et l'Etat, mais encore contre tous tiers, contre les

particuliers qui n'auraient pas eux-mêmes revendiqué ?

Il nous avait toujours semblé que l'affirmative
ne pouvait être douteuse et que les dispositions
du sénatus-consulte, sur ce point, devaient avoir
la même portée que celles de l'ordonnance du
21 juillet 1846. Mais la Cour d'Alger (1re Chambre), par un arrêt du 12 février 1867 (*Journal de la
Jurisprudence*, 1867, p. 87) avait jugé la négative;
et cette doctrine, appuyée d'une circulaire de M.
le Gouverneur général paraissait définitivement
acceptée, lorsque, le 25 février 1875, la même
Cour (2e Chambre), a consacré la doctrine contraire (*Ib.* 1875, p. 23).

Voici les principaux motifs de cette décision,
que nous trouvons naturellement conforme à
l'esprit et au but de la loi :

« .... Que la loi du 16 juin 1851 avait établi les
« éléments des propriétés domaniale, départemen-
« tale et communale; mais que tout en procla-
« mant l'inviolabilité de la propriété particulière,
« elle ne l'avait point organisée, et que sur le
« territoire des tribus elle avait laissé à l'état de
« confusion les biens melk, beylick et arch: —
« Que le sénatus-consulte de 1863 a eu pour but
« de faire cesser cette confusion et de créer, à
« chaque nature de propriété, un domaine sé-
« paré, en lui attribuant ses limites et en faisant
« vérifier contradictoirement ses titres par ceux
« qui avaient intérêt à les discuter; — Qu'on ne

« pouvait délimiter le territoire des tribus sans
« en avoir préalablement distrait les biens melk
« et beylick, ainsi que le faisait remarquer M. de
« Casabianca, rapporteur du sénatus-consulte ;
« — Que ce sénatus-consulte s'appliquait donc
« non-seulement aux terres arch, mais aux
« terres melk et beylick qui se trouvaient sur le
« territoire des tribus ; — Que le législateur l'a
« si bien compris que, dans l'article 5, il a réservé
« les droits de ces sortes de propriétés, dont il ne
« se serait pas préoccupé s'il eût réglé une ma-
« tière à elle étrangère ; — Que, d'après ce qui
« précède, le sénatus-consulte et le décret de
« 1863 n'ont pas stipulé seulement en faveur des
« tribus, mais qu'ils ont, sur le territoire de ces
« tribus, organisé la propriété dans l'intérêt de
« chaque espèce de propriétaires et surtout dans
« l'intérêt général de l'Algérie ; — Qu'il en ré-
« sulte que les déchéances qu'ils ont édictées
« comme sanction de leurs dispositions peuvent
« être invoquées par tout intéressé. »

51. — Nous avons expliqué, plus haut (n° 50),
comment le Domaine de l'État parvenait, par les
prélèvements qu'il fait en territoires collectifs, à
s'indemniser des surfaces que M. Warnier disait
avoir été attribuées trop généreusement aux indigènes et à compenser les résultats des déchéances
encourues.

51**bis**. — Ainsi qu'on a pu le remarquer, il ne faut pas confondre le droit de déshérence avec le droit d'héritier : la déshérence n'est qu'une variété de la vacance ; l'Etat ne devient propriétaire par déshérence que lorsqu'il n'existe pas d'héritiers légaux, que lorsque la succession est abandonnée, est vacante ; c'est la règle du code civil. Mais la loi musulmane appelle encore et en outre, l'Etat (Beit el Mal) en qualité d'héritier direct, et l'article 7 de la loi nouvelle maintient aux indigènes l'ordre successoral de l'islamisme ; de sorte que l'Etat peut participer à une succession non seulement à titre de déshérence ou vacance, mais encore comme héritier.

Cette qualité d'héritier de l'Etat est réglée par la loi de l'Islam.

Nous avons entendu bien des gens critiquer cette partie de la loi musulmane qui fait le Beit el Mal héritier d'un musulman. Rien n'est cependant plus vulgaire. A Rome le trésor public prélevait un vingtième dans chaque succession ; avant Trajan le prélèvement était plus considérable.

Chez nous, en France, le trésor public fait aussi son prélèvement sous la forme d'un droit d'enregistrement. A aucune époque et dans aucune société organisée le fisc n'a perdu son droit.

Le prophète a dit : « Apprenez le partage des « successions, c'est la moitié de la science. »

Et, en effet, le règlement des successions est tout ce qu'il y a de plus compliqué et de plus difficile dans la législation musulmane. Selon le rite malékite, qui est celui généralement suivi en Algérie, il y a deux ordres d'héritiers : les légitimaires et les acibs ; ces deux ordres viennent concuremment. Le Beit el Mal est le dernier des acibs. Si les légitimaires restent seuls, le Beit el Mal prend la part de l'acib ; il recueille toute l'hérédité s'il ne reste ni légitimaire ni acibs.

La successibilité chez les indigènes s'arrête au sixième degré. Le rite hanefi contient des dispositions différentes.

52. — La définition des biens vacants, au regard de la loi du 26 juillet 1873, résulte de tout ce qui précède : ce sont, en général, tous les biens qui, dans les territoires de propriété collective, ne sont pas occupés et dont l'État s'empare par application du deuxième paragraphe de l'article 3.

53. — Le communal est la surface livrée à la dépaissance des bestiaux de la tribu ou du douar. Le droit au communal a été consacré par l'article 2 du sénatus-consulte ; on le reconnaît en interrogeant tout particulièrement la possession, le passé, les habitudes et la tradition du pays, ses besoins et ses ressources.

Dans les territoires sénatus-consultés, où la

situation n'a pu se modifier en quelques années, les commissaires-enquêteurs n'auront, en général, qu'à reconnaître ce qui aura été fait.

C'est surtout dans cette reconnaissance qu'il faut se rappeler, dit M. le Rapporteur, que *les communaux sont aussi nécessaires à l'existence des tribus et des douars que les terres de cultures proprement dites...., car les troupeaux sont une des principales richesses des Indigènes, et sans les biens communaux ils ne pourraient nourrir leur bétail.*

D'après notre article, les surfaces non attribuées peuvent revenir au douar comme bien communal. Sur ce point, l'Etat pourra être en contradiction d'intérêts avec le douar. Néanmoins, aucune difficulté sérieuse ne pourra se présenter ; en effet, toute terre impropre à la culture et propre à la dépaissance est naturellement indiquée pour faire partie du communal ; et, en cas de vacance, on devra toujours l'attribuer au douar, si l'étendue de son communal n'est pas en rapport avec l'importance de ses troupeaux.

54. — Il ne faut pas confondre les terres de parcours généraux, ces grands espaces couverts d'*alfa* et de *senra*, avec les communaux propres à la tribu ou au douar. Il y a surtout intérêt à ne pas faire cette confusion, aujourd'hui que ces plantes textiles sont entrées dans la spéculation industrielle et que cette spéculation peut servir au

développement de nos voies de communication. Ces terres ouvertes aux troupeaux des contrées éloignées, dont une tribu n'use pas, à l'exclusion des autres, ne peuvent être assimilées aux communaux proprement dits.

M. le Commandant Aublin les caractérisait dans les termes suivants, devant la Commission supérieure de la propriété indigène :

« De temps immémorial, les tribus sur le ter-
« ritoire desquelles se trouvent des terres à alfa
« en jouissent à titre collectif ; elles ont même
« des traités de réciprocité avec les nomades du
« sud, qui viennent, en été, faire paître leurs bes-
« tiaux dans les alfas des hauts plateaux, et qui
« permettent à leur tour aux gens des hauts pla-
« teaux de mener leurs troupeaux, en hiver, dans
« les pâturages du Sahara. M. Warnier a parlé
« des dispositions de la loi de 1851 relatives aux
« forêts ; mais cette loi promettait un règlement
« d'administration publique déterminant le mode
« d'exercice des droits d'usage des Indigènes ;
« le règlement annoncé n'a jamais été promul-
« gué ; les parcours ont été, néanmoins, partout
« supprimés ou restreints, et c'est là qu'il faut
« chercher, pour une bonne part, l'explication des
« incendies qui sont venus successivement amoin-
« drir nos richesses forestières. La même chose
« arriverait pour les terres à alfa sur lesquelles
« on ne saurait nier que les tribus ont un droit
« de propriété plus ou moins étendu et qu'il s'agi-

« rait de définir ; le Domaine s'emparerait de ces
« immeubles, les droits d'usage ne seraient peut-
« être pas réglés cette fois encore ; les Compa-
« gnies concessionnaires n'en tiendraient pas
« moins à exclure les Indigènes dont la présence
« ne pourrait que les gêner ; et alors, on verrait
« les tribus dépossédées de leurs droits chercher
« par tous les moyens à détruire la richesse fon-
« cière dont on les aurait dépouillées. »

A notre avis, la question des terres à alfa,
doit être résolue comme pour les communaux.
Dans les territoires sénatus-consultés, il faut
maintenir ce qui a été fait, si les tribus ont continué leur jouissance. Dans les autres, nous pensons que les commissaires-enquêteurs doivent,
tout en sauvegardant la condition de possession,
opérer selon les règles d'après lesquelles les Commissions du sénatus-consulte ont elles-mêmes
opéré ; il est sage et équitable qu'encore à cet
égard les tribus soient, autant que possible, traitées de la même manière.

Mais n'oublions pas que le droit des tribus n'est
pas un droit de propriété, mais un simple droit
d'usage, comme le droit d'usage dans les forêts,
droit qui a été consacré, il est vrai, par le sénatus-consulte, mais dont l'étendue doit être apprécié selon les circonstances, et qui ne saurait, dans
aucun cas, entraver l'Etat dans l'exercice de sa
propriété foncière. C'est, au surplus, ce que la
Commission supérieure de la propriété indigène

semble avoir elle-même pensé lorsque, dans sa séance du 15 octobre 1873, elle décidait sous forme d'avis : « que, toute réserve faite des droits « de l'Etat et des communes subdivisionnaires « représentant les tribus, il y a lieu de déclarer « que l'Etat et la commune subdivisionnaire de- « vront, dans la mesure de leurs droits respectifs « restant à déterminer, participer aux conven- « tions à intervenir avec la Compagnie financière « en instance pour la concession de l'exploitation « des terrains à alfa. »

54BIS — Les cimetières, existant selon leur destination, doivent être considérés comme biens de la tribu ou du douar ; ceux abandonnés et qui ne sont pas possédés avec une autre destination appartiennent à l'Etat.

55. — La répartition des terres entre les pos-sesseurs entraîne la répartition des eaux dans les mêmes conditions. La loi du 16 juin 1851 attribue tous les cours d'eau et les sources au domaine public : mais, par une disposition de sage équité, et que l'intérêt agricole commandait, elle réserve les droits antérieurs *légalement acquis*. Ce sont ces droits légalement acquis qu'il est souvent dif-ficile de reconnaître ; mais le droit à l'eau est, en général, contemporain du droit à la terre. Quoi qu'il en soit, ce sera toujours une question de jouis-sance, et l'eau devra suivre le sort de la terre aux

besoins de laquelle elle est affectée ; les barrages et les canaux, quelque rudimentaires qu'ils soient, seront presque toujours suffisants pour reconnaître cette jouissance. Ce sera une sorte de réglementation que le commissaire-enquêteur devra opérer ; et dans cette réglementation, il devra concilier le droit de la possession avec l'intérêt de l'agriculteur.

C'est surtout en cette matière que les commissaires-enquêteurs devront interroger l'histoire agricole de la tribu. Ils y trouveront souvent des renseignements précieux, des traces de l'intervention de l'ancien gouvernement turc. Comme l'usage des eaux d'une rivière amenait presque toujours des querelles entre les propriétaires riverains, l'Administration intervenait pour rétablir l'ordre et vider les difficultés ; le droit qu'elle exerçait dans ces circonstances était tout à la fois un droit de propriété, de justice et de police (*Journal de la Jurisprudence de la Cour*, 6e question de droit. 1867, p. 257).

56. — La double opération ordonnée par les art. 6 et 3 est faite administrativement ; il en était ainsi sous l'ordonnance du 21 juillet 1846 et le sénatus-consulte de 1863. Les parties intéressées ont droit à l'accomplissement des formes prescrites.

L'article 6 dispose que les contestations relatives à la propriété, c'est-à-dire celles qui surgissent dans le cours de l'opération de constatation sont du ressort des tribunaux civils, par application de l'article 18. Nous examinerons, sous cet article, le contentieux relatif à la constatation de la propriété privée. La loi semble muette sur les questions de possession particulières à l'opération de constitution et la juridiction qui doit en connaître. Ce point rentre dans l'article 20.

57. — Le paragraphe 3 de l'article 3 qui dispose que : *dans tous les territoires autres que ceux mentionnés au paragraphe 2 de l'article précédent, lorsque l'existence de droits de propriété privée, non constatés par acte notarié ou administratif, aura été reconnu par application du titre II ci-après, des titres nouveaux seront délivrés aux propriétaires,* n'est pas à sa place ; il paraît même isolé au milieu de dispositions avec lesquelles il ne se relie pas, ce qui le rend tout d'abord quelque peu obscur ; bien plus, il est inutile ou incomplet : inutile, puisque le titre II contient des dispositions spéciales sur la délivrance des titres ; incomplet, parce que ce n'est pas seulement aux propriétaires au profit desquels un droit de propriété privée aura été constaté, que des titres nouveaux sont délivrés ; mais c'est encore et en outre aux familles en faveur desquelles des droits de propriété individuelle auront été constitués. Il eut été préférable. si on voulait le maintenir, de le généraliser en le reportant après les articles 6 et 3 ; quoi

qu'il en soit, et cela dit, notre article ne vise que le titre délivré pour la terre constatée de propriété privée.

Ce titre, essentiellement français, est délivré partout où cette propriété est reconnue, lorsqu'elle n'est pas déjà consacrée par un acte notarié ou administratif.

Les immeubles pour lesquels un titre nouveau n'est plus délivré sont ceux qui ont été soumis à l'application de l'ordonnance du 21 juillet 1846 et du cantonnement. En effet, l'arrêté homologatif du Conseil de direction ou de préfecture pour les premiers, et l'acte de reconnaissance administrative pour les seconds, constituent des titres réunissant tous les caractères que la loi nouvelle poursuit et exige. Un nouveau titre aurait fait double emploi. Au surplus, en déclarant l'application immédiate de la loi dans les territoires dont il s'agit, l'article 2 reconnaît et déclare virtuellement que les immeubles qui y sont compris sont munis de titres suffisants et efficaces.

57ᴮᴵˢ. — Tous les autres immeubles dont le droit est fixé par un acte administratif ou notarié, jouissent du même privilége.

Les actes administratifs dont il s'agit sont tous ceux qui, émanant de l'administration, transmettent ou reconnaissent le droit de propriété privative, comme les titres de concession gratuite ou onéreuse, vente, échange, partage, etc. Les actes

rédigés par les notaires doivent, pour avoir la valeur d'un titre, réunir les mêmes caractères et
avoir la même portée.

Ceux émanant des secrétaires des commissariats
civils, en vertu de l'article 57 de l'arrêté ministériel du 30 décembre 1842, doivent être considérés comme des actes notariés, bien qu'ils n'aient
pas la force exécutoire; ils possèdent, en effet,
comme ces derniers, les conditions ordinaires
d'authenticité; d'un autre côté les secrétaires des
commissariats civils, comme rédacteurs de conventions et dans les limites de leurs attributions, sont de véritables notaires. (Arrêt du 19
janvier 1865; *Journal de la Jurisprudence*, 1867,
p. 55 et la note.)

Mais il est bien entendu que les immeubles qui
reposent sur les actes ci-dessus sont néanmoins
soumis aux opérations du commissaire-enquêteur
jusques et y compris l'art. 16; car ces opérations
ont pour but de constater la nature du droit et
l'identité de la terre.

Le commissaire-enquêteur énonce l'existence
du titre authentique et ses conditions d'applicabilité. Il n'est pas délivré de titre provisoire, et
les contestations de toutes sortes qui peuvent surgir de la part du propriétaire et des tiers, tant sur
le fond du droit que sur les limites, étant régies
par les dispositions du droit commun, ne sont
pas soumises au délai fixé par l'article 18. Les
conclusions du rapport du commissaire-enquê-

teur serviront naturellement de base, comme ren-
seignements, au jugement de ces litiges. Cependant il peut arriver qu'indirectement et sur la question de limites, le délai de l'article 18 reçoive son application contre le propriétaire : c'est dans le cas où le voisin aurait un *titre* provisoire qui, n'ayant pas été attaqué dans le susdit délai, renfermerait un droit acquis pour ce dernier. La délimitation contenue dans ce titre serait définitive.

Précisément en vue de difficultés possibles, l'administration doit, selon nous, délivrer une copie du procès-verbal et du plan *in parte quâ* à toute personne qui la demanderait en justifiant d'un intérêt sérieux.

58. — Une constitution hypothécaire par acte notarié doit-elle dispenser de la délivrance d'un titre nouveau pour l'immeuble hypothéqué ? — Non, car bien qu'un tel acte renferme presque toujours l'établissement de la propriété et atteste le droit au profit du débiteur, il ne constitue pas un acte translatif de propriété proprement dit, et l'attestation qu'il renferme n'est que l'œuvre du prétendu propriétaire ; ce n'est donc pas un titre. Si on attribuait le caractère de titre à l'acte hypothécaire, il n'y aurait pas de raison pour le refuser au bail et à l'antichrèse, et à tous autres actes impliquant le droit foncier dans la pensée des parties, ce qui est impossible.

59. — Les jugements et arrêts de la justice française, statuant sur des questions de propriété ayant une autorité supérieure aux actes administratifs et notariés, dispensent évidemment les parties qui les ont obtenus de solliciter un nouveau titre Cependant les décisions intervenues sur l'appel des sentences de cadis, en matière musulmane, sont souvent incomplètes au point de vue de la désignation de l'immeuble litigieux, dont la situation est toujours ou presque toujours insuffisamment fixée, les limites rarement indiquées, et la contenance presque jamais ; mais ces circonstances ne sont pas de nature à faire fléchir la règle qui soustrait à l'obligation du titre nouveau toute propriété privée déjà assise sur un acte revêtu de la puissance d'une autorité française.

A cette occasion nous ne pouvons nous empêcher de faire remarquer combien il serait utile et même nécessaire que dans toutes les affaires musulmanes où il s'agit d'actions immobilières, l'immeuble litigieux fut bien déterminé. A cet effet on devrait obliger les cadis à en faire dresser le plan sommaire par un géomètre ; et c'est sur ce plan admis ou rectifié qu'interviendrait la décision définitive. Cette méthode, outre qu'elle simplifierait le débat, empêcherait le procès de se renouveler et faciliterait singulièrement l'application de la loi nouvelle. Ces avantages compenseraient et au-delà la dépense nécessitée par la confection du plan.

60. — Nous devons décider autrement pour les actes sous seing-privés ; car bien qu'enregistrés, ils ne sont pas des actes authentiques ; les énonciations qu'ils contiennent, à la rédaction desquelles un officier public n'a pas participé, ne présentent pas les mêmes garanties de sincérité.

On sait qu'à la suite de l'arrêté du 5 août 1843, qui place sous la juridiction des commandants de place la population des places et postes de guerre où l'autorité civile n'existe pas encore, on a généralement et communément pensé que ces fonctionnaires assimilés à un certain point de vue aux commissaires civils ou aux secrétaires des commissaires civils, étaient investis du droit de rédiger les actes comme ces derniers.

L'autorité militaire et tout le monde l'ont ainsi pensé ; le gouvernement et les chefs de la justice ont sans doute partagé cette erreur, puisqu'ils n'y ont pas résisté ; la nécessité et la force des choses aidant, les commandants de place se mirent à dresser des actes en la forme authentique et notariale.

Quelle est la valeur de ces actes ? Il n'est point douteux qu'à un certain point de vue ils sont protégés par les exigences des lieux et le vieil adage : *error communis facit jus* ; que dans beaucoup de cas, on sera disposé à les admettre comme preuve littérale d'une convention ; néanmoins on ne saurait leur reconnaître ni le caractère ni la portée des actes notariés ; ils ne peuvent par conséquent pas suppléer au titre prévu par notre article.

Quant aux actes de cadis, ils sont bien revêtus d'un caractère authentique, mais ils émanent d'un fonctionnaire indigène, et la loi n'admet que le titre émané d'une autorité française.

61. — En disant que *les titres délivrés formeront, après leur transcription. le point de départ unique de la propriété, à l'exclusion de tous autres,* notre article semble créer, au profit du bénéficiaire, un droit tout à fait nouveau, substitué au droit antérieur ; tous les titres auxquels il serait fait novation deviendraient sans valeur.

Nous verrons plus complètement et plus exactement, aux articles 18 et 19, quels sont le caractère et l'étendue de ce droit.

62. — D'après les articles 23 et suivants du décret du 23 mai 1863, les *terres collectives de culture* des douars, ne peuvent être aliénées tant que la propriété n'a pas été constituée, conformément aux dispositions du titre V du même décret. Cette interdiction se trouve implicitement levée par la nouvelle loi, qui ne veut plus entendre parler de terre *arch.* Par conséquent, les transactions relatives à cette terre, faites antérieu-

rement à la constitution de la propriété individuelle, sont autorisées.

C'est, au surplus, l'opinion exprimée par la
Commission supérieure de la propriété indigène :

« On ne doit pas perdre de vue, disait M. le
« Premier président Cuniac, que le projet primi-
« tif du Gouvernement (art. 26) restreignait, aux
« biens melk, la facilité de transmission avant la
« délivrance des titres, mais que la Commission
« a voulu aller plus loin et étendre cette faculté
« à toutes les propriétés sans distinction, quel.
« qu'en fût le mode de possession. On ne sau-
« rait donc songer à établir, par voie d'instruc-
« tions administratives, une disposition restric-
« tive que le législateur a formellement écartée. »

Cependant, il faut reconnaître que pour les *terres collectives de culture* proprement dites, ainsi
que le sénatus-consulte les entendait, comme elles
appartiennent à la collectivité de la tribu, *ut corpus*, il est difficile d'imaginer une vente de la part
des membres de la tribu puisqu'ils n'y ont aucun
droit personnel ; aussi, les aliénations portant sur
ces immeubles seront rares, et, lorsqu'elles se
produiront, la tribu pourra former opposition aux
formes de droit.

Pour ce qui est des melk collectifs la question
d'interdiction d'aliéner ne saurait se poser à leur
égard, bien qu'ils soient aujourd'hui confondus
avec le sol *arch*, leur aliénation a toujours été libre. La loi du 16 juin 1851, le sénatus-consulte et

le décret du 23 mai ne contenaient aucune entrave à cet égard.

Mais, les transmissions ne seront faites avec sécurité pour l'acquéreur, qu'autant qu'on accomplira les formalités prescrites au titre III.

« ARTICLE 4.

« Le maintien de l'indivision est subordonné aux « dispositions de l'article 815 du Code civil.

SOMMAIRE :

63. *L'opération de la constitution de la propriété individuelle et, dans certains cas, celle de la constatation de la propriété privée constituent l'indivision familiale. Les communistes sont soumis aux dispositions de l'article 815 du Code civil pour faire cesser cette indivision.*
64. *Le titre relatif aux partages et aux licitations, du projet de gouvernement a été rejeté par la loi. Nécessité de modifier, au profit des indigènes communistes, nos lois de procédure sur les partages et licitations.*

63. — Nous avons dit sous les articles 3 et 6 qui précèdent, et nous le répèterons probablement sous les articles 11, 17 et 20, que l'exécution de la loi par les opérations des commissaires-enquêteurs et la délivrance du titre, doit bien

faire cesser l'indivision entre les familles, mais qu'elle la maintient, sans l'encourager, entre les membres d'une même famille; c'est à cette dernière indivision, à cette indivision restreinte, familiale, que s'appliquera désormais l'article 815 du Code civil. La possession et la propriété collectives des familles disparaissent, mais il reste la possession et la propriété collectives des membres de la famille, c'est-à-dire la propriété familiale constatée par les titres délivrés; et, comme aux termes du n° 3 de l'article 2 de notre loi, les immeubles qui en font l'objet tombent sous le régime du droit commun, il s'ensuit que cet état nouveau d'indivision est régi par le Code civil et qu'il ne pourra être modifié que conformément aux règles du Code civil. L'exercice de la faculté réservée par l'article 815 permettra d'achever le fractionnement commencé et de briser définitivement le faisceau de l'indivision. Ajoutons que ce ne sera qu'alors que la propriété individuelle sera réellement constituée.

Les règles de partage dont il s'agit étant celles de la loi commune, nous y renvoyons pour la solution des questions qui pourraient surgir. Les rapports des copropriétaires musulmans, sur ce point, seront appréciés et jugés comme s'il s'agissait de copropriétaires français, sauf, bien entendu, la réserve de l'article 7 en ce qui touche l'ordre successoral.

64. — Le projet du Gouvernement autorisait le Gouverneur à ordonner d'office et comme mesure d'utilité publique, après la délivrance des titres *le partage des biens indivis entre plusieurs groupes ou individus ne représentant pas immédiatement un même auteur*. Mais la Commission, et l'Assemblée nationale ensuite, repoussèrent cette disposition exorbitante du droit commun. Les motifs de ce rejet tenant à l'esprit général de la loi, il est utile de citer le rapport :

« Une loi dont l'article 1er dispose que la législation française, en matière de propriété, est désormais appliquée en Algérie, ne peut violer le principe fondamental sur lequel elle repose.

Le titre relatif *aux partages et aux licitations* demande pour le Gouverneur général de l'Algérie, au nom de l'utilité publique, le droit discrétionnaire de faire cesser l'indivision entre copropriétaires, et règlemente la manière de procéder en cette occurrence.

La Commission apprécie les avantages de la propriété individuelle, car le but de la présente loi est de la créer ; mais elle ne peut se résigner à enfreindre la disposition fondamentale du Code civil formulée en l'article 544 : « La propriété est « le droit de jouir et de disposer des choses de la « manière la plus absolue, pourvu qu'on n'en « fasse pas un usage prohibé par les lois ou par « les règlements. »

Les articles 815 et suivants du même code, statuant sur l'action en partage et sa forme, il y a obligation pour tous, même pour le Gouverneur général de l'Algérie, de se conformer aux dispositions y édictées. Nul autre que l'un des copropriétaires ne peut faire cesser l'indivision. L'utilité publique n'a rien à y voir.

D'ailleurs, à quoi servirait d'introduire dans la loi une disposition qui, dans certains cas, serait contraire aux habitudes des indigènes ? A moins d'une sanction pénale qu'on ne propose pas, qui pourrait obliger des parents copropriétaires, après un partage administratif ou judiciaire, à ne pas vivre sur leurs terres indivisément comme par le passé ?

Chez les indigènes, la tradition et les liens de famille sont encore assez puissants pour les solliciter à rester dans l'indivision, même au détriment de leurs intérêts. Nous pouvons, par l'exemple et par l'appât d'un surcroît de bien-être, les engager à modifier leurs habitudes séculaires ; mais la sagesse politique, tout au moins, nous interdit de leur faire violence. Quand chacun connaîtra la part qui lui appartient dans le patrimoine commun, il se rencontrera bientôt quelque individualité peu satisfaite du collectivisme, et il faudrait ne pas connaître l'homme pour douter qu'avant très peu de temps, dans chaque famille, il y aura quelqu'un qui demandera le partage pour mieux assurer son indépendance et donner un plus grand aliment à son activité.

Toutefois, il doit être bien entendu que la Commission, par le rejet du titre spécial *aux partages et aux licitations*, n'entend respecter l'indivision ni dans la tribu, ni dans le *douar*, en tant que s'appliquant à une collectivité, mais seulement entre parents d'une même famille, constituant une unité familiale.

En proposant à l'Assemblée la suppression du titre spécial *aux partages et aux licitations*, ainsi que la modification de quelques autres dispositions du projet du gouvernement, la Commission n'a d'autre but que de donner elle-même l'exemple du respect au principe fondamental de la loi. »

Nous pensons que le Gouvernement et la Commission parlementaire ne se sont pas compris. Le premier n'avait pas tout à fait tort avec son projet de partage et de licitation d'office ; la seconde n'avait pas entièrement raison en laissant les choses dans le droit commun. En effet, soumettre l'indivision résultant de la délivrance du titre familial aux règles du droit commun, c'est rendre impossible le nouveau partage à cause des frais judiciaires qu'il nécessitera ou exposer le fonds commun à un démembrement ruineux. La propriété indigène en territoire de tribu n'a encore qu'une valeur restreinte ; les indigènes ne comprennent et ne comprendront pas avant longtemps encore les complications et les lenteurs de notre procédure coûteuse ; il aurait donc fallu les soustraire à l'obligation de recourir à la loi commune pour sortir de la nouvelle indivision dans laquelle ils entraient et instituer un mode de partage et de licitation approprié à leurs ressources et à leur situation. Alors que le législateur emploie la voie administrative pour faire reconnaître la propriété privée et constituer la propriété individuelle par le motif légitime que cette voie est moins onéreuse et plus expéditive, on doit s'étonner qu'il n'ait pas pensé à la procédure de partage qui allait régir la propriété de chaque groupe familial. Cet état de choses devrait donc être promptement simplifié par une nouvelle loi.

Ce n'est pas ici le lieu de présenter un projet ; cependant, nous nous permettrons de dire qu'à notre avis les demandes en partage des communistes devraient être portées devant le Juge de paix du canton. Le cahier des charges serait rédigé par le greffier ; et, tout en assurant une publicité efficace, il faudrait éviter de la multiplier inutilement.

« ARTICLE 5.

« L'enregistrement des titres délivrés en exécution « de l'article 8, aura lieu au droit fixe de 1 franc. La « transcription sera opérée sans autres frais que le « salaire du conservateur.

SOMMAIRE :

65. *Cet article n'exige aucun développement. Renvoi à l'article 21.*

65. — Cette disposition est faite pour les titres résultant de la constatation de la propriété privée ; mais l'article 21 la rend applicable aux titres résultant de la constitution de la propriété individuelle.

« ARTICLE 7.

« Il n'est point dérogé par la présente loi au statut « personnel ni aux règles de successions des indigè-« nes entre eux.

SOMMAIRE :

66. *Tout ce qui a trait à l'état et à la capacité des musulmans reste soumis à la loi musulmane.*
67. *Bien que les règles relatives aux successions soient du statut réel, néanmoins elles touchent par plusieurs côtés à l'état civil, et c'est ce qui fait que la loi les maintient. C'est une exception à l'article 1er.*
68. *Les cadis sont incompétents pour dresser des actes de partage et de vente relatifs et des immeubles héréditaires ; jugement du tribunal d'Alger.*
69. *Les donations ne rentrent pas dans la matière successorale.*
70. *Les diverses conditions de l'état civil continuent à être soumises à la loi musulmane, comme la tutelle, l'interdiction, la puissance paternelle, etc. Seule-*

ment, les actes émanant de la capacité ainsi constituée sont régis par la loi française. Jouissance légale des père et mère, et hypothèque légale de la femme indigène.

66. — Précisément parce que la loi nouvelle est une loi essentiellement réelle, elle devait réserver aux indigènes le bénéfice de leur statut personnel, c'est-à-dire de cette partie des lois islamiques qui règle l'état et la capacité des personnes.

67. — Tout ce qui tient aux successions est du statut réel ; mais il touche, par plusieurs côtés, aux conditions de l'état civil *(suprà* n°ˢ 3 et 8). Les lois de succession des musulmans sont en harmonie avec l'organisation et le caractère de la famille, avec leurs mœurs et leurs usages ; elles contiennent des règles appropriées à la pluralité des femmes, à la distinction des enfants ; on devait donc aussi les maintenir. C'est une exception au principe posé dans l'article 1ᵉʳ qui, soumettant les immeubles des musulmans au Code civil, ne permet pas de les grever de droits autres que ceux résultant de la loi française. Ainsi, les immeubles d'une succession indigène seront attribués aux héritiers selon les droits fixés par la loi musulmane ; la veuve, les enfants, les légitimaires, les acebs, les légataires de la quotité disponible, telle qu'elle est réglée par le Coran, en opèreront l'allotissement conformément à leurs

parts sans qu'on puisse leur opposer la prohibition de l'article 3 du Code civil.

68. — Bien que les immeubles d'une hérédité soient soumis aux droits réels établis par la loi qui règle la dévolution successorale, néanmoins, leur aliénation et par conséquent le partage entre cohéritiers, est régi par la loi française. Lorsque l'exception en faveur de l'ordre successoral a produit ses effets, la règle reprend tout son empire. Si les cohéritiers veulent procéder au partage ou à la licitation qui ne sont qu'une forme de la vente, ils devront procéder conformément aux règles du droit commun ; ainsi, s'ils opèrent amiablement, ils procèderont devant un notaire ou par acte sous-seing privé ; s'ils opèrent judiciairement, ils agiront devant les tribunaux civils. Nous maintenons ici ce que nous avons déjà dit (*suprà* n° 3) à savoir : que les cadis sont radicalement incompétents pour intervenir dans des transactions relatives à des immeubles qui, bien qu'attribués selon la répartition faite par la loi musulmane quant à la détermination des parts de chaque ayant droit, ne peuvent cependant être l'objet d'une transmission contractuelle que conformément à la loi française. Chaque cohéritier a sur l'immeuble une part selon la fixation de la loi musulmane ; mais cette part est régie par la loi française, quant aux conditions de sa transmission.

Nous ne comprenons même plus qu'il puisse y avoir prétexte à controverse. En effet, supposons un immeuble appartenant à Mohamed. Celui-ci le possède et le transmet en se conformant au régime du droit commun. Peut-on admettre que la loi réelle qui régit cet immeuble puisse se modifier entre les mains de ses héritiers? Pour que cela soit ainsi, il faudrait admettre que la nature de cet immeuble et de son régime légal ait changé par le fait de l'ouverture de la succesion et que les effets de ce changement doivent durer pendant tout le temps que l'hérédité ne sera pas partagée, pour cesser après ce partage ; or, une telle hypothèse ne serait pas raisonnable.

C'est dans le sens de notre doctrine que le tribunal civil d'Alger a statué chaque fois que la question lui a été posée :

« Attendu, dit le tribunal dans un jugement
« du 8 avril 1875, que sous la réserve des dispo-
« sitions contenues en son article 31, la loi du
« 26 juillet 1873 proclame qu'en Algérie, désor-
« mais, l'établissement de la propriété, sa con-
« servation et la transmission contractuelle des
« immeubles, quels que soient les propriétaires,
« sont régis par la loi française, c'est-à-dire sou-
« mis au statut réel ;

« Attendu qu'à la portée de cette disposition
« la loi assigne une limite ;

« Que, d'après une interprétation commune,
« les règles qui régissent les successions appar-
« tiennent au statut réel ;

« Que les conséquences du principe nouveau
« inscrit dans l'article 1er de la loi, aurait pu
« faire naître des doutes et jeter le trouble sur le
« point de savoir s'il n'était pas porté attteinte
« aux règles des successions musulmanes :

« Que, pour dissiper toute incertitude à cet
« égard et rassurer les indigènes, la loi nouvelle.
« dans son article 7, déclare qu'il n'est point
« dérogé, quant à ce, aux dispositions antérieu-
« res ;

« Attendu que cette atténuation des conséquen-
« ces de sa disposition, l'application des lois fran-
« çaises à la propriété immobilière algérienne,
« ne peut être entendue que dans un sens res-
« treint ;

« Qu'avec les défendeurs, il n'en faut pas
« conclure spécialement que pour la licitation ou le
« partage des immeubles provenant ou dépendant
« de successions indigènes, la procédure musul-
« mane demeure réservée ;

« Qu'une telle interprétation de la loi serait
« manifestement contraire à son esprit ;

« Que l'article 7 ne conserve aux indigènes
« que le droit de faire régler encore, conformé-
« ment à leurs lois, l'ordre de leurs successions ;

« Que cet article ne vise point la transmission
« des immeubles ;

« Qu'il ne contient aucune dérogation expresse
« au principe fondamental posé en l'article 1er ;

« Qu'en présence de ces deux derniers articles,

« il faut donc reconnaître et dire dans l'espèce
« que si, d'après l'article 7, l'attribution aux
« parties du prix à provenir des immeubles indi-
« vis dont la licitation est demandée doit leur
« être faite, conformément aux droits successo-
« raux qu'elles tiennent de la loi musulmane,
« d'après l'article 1er de la loi, c'est suivant les
« formes de la loi française. c'est-à-dire le mode
« tracé par notre Code de procédure civile, que
« doivent être poursuivies la licitation de ces im-
« meubles et, en conséquence, la liquidation
« de leur prix et l'établissement des comptes de
« fruits. »

69. — Les testaments rentrent dans la matière
successorale *(suprà* n° 4*bis)*, mais il n'en est pas
de même des donations. Ces acte constituent des
transmissions contractuelles, puisque la loi musulmane exige, non-seulement l'acceptation, mais
encore la mise en possession du donataire ; elles
ne sont donc pas comprises dans la réserve faite
au profit du statut héréditaire.

70. — L'état des personnes continuant à être
soumis à la loi musulmane, il en résulte que
les diverses conditions qui en dépendent sont
constituées selon les prescriptions de cette loi.
Ainsi la tutelle, l'émancipation, l'interdiction,
la puissance paternelle et maritale sont toujours
subordonnées, quant à leurs causes et à leur

mode d'organisation au droit de l'islam ; c'est toujours ce droit qui règle les limites des capacités et des incapacités, qui détermine le pouvoir du tuteur, du père de famille et du mari, l'âge de la majorité. Seulement lorsque le pouvoir ainsi organisé s'adresse aux immeubles, il doit, dans ses actes, observer la loi française. Le tuteur peut créer une hypothèque, vendre un immeuble sans l'intervention d'un conseil de famille qui n'existe pas, mais pour la forme de ces actes, il devra se conformer au Code civil.

Devra-t-il se faire autoriser par la justice française ? — Non. Cette autorisation étant un complément de capacité, c'est le juge musulman qui doit la donner ; et, selon nous, elle est indispensable d'après la jurisprudence de la Chambre musulmane de la Cour d'Alger. Il en est de même pour toutes les décisions judiciaires nécessaires pour constituer l'interdiction, l'émancipation, etc., lorsqu'elles sont prescrites par la doctrine musulmane.

La jouissance légale prévue à l'article 318 du Code civil, étant une conséquence de la puissance paternelle réglée par la loi française, elle n'appartiendra pas au père et à la mère musulmans sur les immeubles de leurs enfants.

La nouvelle loi ne confère aucune hypothèque légale à la femme musulmane sur les biens de son mari musulman, si le mariage est contracté selon la loi musulmane. Au surplus, la séparation absolue des biens est de l'essence du mariage muman.

TITRE II

De la procédure relative à la constatation de la propriété privée et à la constitution de la propriété individuelle.

CHAPITRE Ier

DE LA PROCÉDURE RELATIVE A LA CONSTATATION
DE LA PROPRIÉTÉ PRIVÉE

« ARTICLE 8

« Le Gouverneur général civil de l'Algérie, les
« Conseils généraux préalablement consultés, dési
« gnera par des arrêtés les circonscriptions territo
« riales qui doivent être soumises aux opérations
« prévues par l'article 6 ci-dessus et le délai dans
« lequel elles seront entreprises. Ce délai ne pourra
« être moindre d'un mois à dater du jour de l'inser
« tion de l'arrêté dans le *Mobacher* et l'un des journaux
« de l'arrondissement ou, à défaut, du département
« où se trouvent comprises lesdites circonscriptions
« territoriales.

« Le même arrêté sera publié dans les principaux
« marchés de la tribu, affiché en français et en arabe
« à la mairie de la commune et partout où besoin
« sera.

« Ces insertions et publications constitueront pour
« tous les intéressés une mise en demeure d'avoir à
« réunir tous documents ou témoignages utiles pour
« établir leurs droits et les limites des terres qu'ils
« possèdent. »

« ARTICLE 9

« A l'expiration du délai fixé par l'article 8, il sera
« procédé par le Gouverneur général civil à la nomi-
« nation d'un commissaire-enquêteur. »

SOMMAIRE :

71. *Nous arrivons à la procédure administrative relative
     à la double opération prescrite par l'article 6. Le
     commentaire de cette partie de la loi consiste sur-
     tout dans les circulaires et instructions.*

71. — Nous arrivons à la procédure administra-
trative selon laquelle la double opération prescrite
par l'article 6 est faite.

Nous passerons rapidement sur la partie de
cette procédure qui se rapporte particulièrement
aux formalités destinées à déterminer les terri-

toires sur lesquels on opèrera, à prévenir les parties intéressées, à diriger la marche des Commissaires-enquêteurs et à la délivrance des titres. C'est là une question de méthode et de réglementation purement administrative dont le commentaire ne peut être que l'œuvre des circulaires et des instructions.

Nous nous proposons au surplus de donner à la fin du volume les circulaires et instructions que nous jugerons utiles à l'intelligence de la loi.

« Dans l'article 8 de la Commission, dit le rap-
« port relatif à la désignation des circonscriptions
« territoriales sur lesquelles les opérations de la
« constitution de la propriété individuelle seront
« successivement entreprises, nous avons cru de-
« voir imposer au Gouverneur général civil de
« l'Algérie l'obligation, dans l'intérêt de la colo-
« nisation, de prendre l'avis péalable du Conseil
« général du département, parce qu'il nous pa-
« raît important de rendre d'abord les terres dis-
« ponibles sur les points où des routes, des che-
« mins de fer, des travaux d'assainissement ont
« rendu le sol accessible aux colons, de préfé--
« rence aux régions dans lesquelles ces travaux
« préparatoires seraient encore à accomplir. Nul,
« mieux que les membres de la représentation
« départementale, ne peut savoir où la création
« de nouveaux établissements européens peut
« être utile et nécessaire. »

« Article 10

« Au vu de l'arrêté qui l'aura nommé, le commis-
« saire-enquêteur requerra tous les dépositaires des
« états de population, des états statistiques, listes
« individuelles et autres documents ayant servi,
« pendant les cinq dernières années, à l'assiette et
« au recouvrement des rôles d'impôt, de mettre à sa
« disposition, dans le délai de quinzaine, tous regis-
« tres, pièces et renseignements qui lui seront né-
« cessaires pour l'accomplissement de sa mission ; il
« rendra ensuite une ordonnance indiqant le jour où
« il se transportera sur les lieux. Cette ordonnance
« sera publiée et affichée en français et en arabe,
« dans les mêmes conditions et aux mêmes endroits
« que l'arrêté rendu en exécution de l'article 8. »

« Article 11

« Au jour indiqué par son ordonnance, le com-
« missaire-enquêteur se rendra sur les lieux assisté
« d'un géomètre et, si cela est nécessaire, d'un in-
« terprète.
« En présence du maire et de deux délégués du
« conseil municipal, ou du président et de deux délé-
« gués de la djemmaâ et, dans tous les cas, si besoin
« est, du cadi ou autres dépositaires des actes ou
« contrats, il recevra toutes demandes, requêtes, té-
« moignages et pièces justificatives relatifs à la pro-

« priété ou à la jouissance du sol. Il rapprochera les
« revendications des documents en sa possession et
« des limites indiquées sur le terrain par les préten-
« dants droit aux parcelles occupées soit indivisé-
« ment par un groupe, soit privativement par un seul
« individu.

« Cette première opération faite, il constatera les
« droits de chaque copropriétaire ou cooccupant,
« sans déterminer les éléments du partage qui ne
« pourra être poursuivi qu'après la délivrance des
« titres français de propriété, en vertu de l'article 815
« du Code civil, comme il a été dit à l'article 4 de la
« présente loi.

« Les mineurs, les interdits et toutes parties non
« présentes, seront représentés par leur tuteurs lé-
« gaux ou datifs, leurs mandataires, les cadis et tou-
« tes autres personnes ayant la représentation légale
« suivant le droit musulman. »

SOMMAIRE :

72. *Importance de la mission du commissaire-enquêteur.
    Il s'agit de faire entièrement ce qui a été commencé
    trois fois.*
73. *Exemple de la manière d'opérer du commissaire-
    enquêteur. Comment la propriété privée s'est sub-
    stituée à la propriété collective.*
73bis.*En quoi consiste l'opération dont il s'agit. Il faut
    surtout s'attacher à la possession pour fixer le
    droit privé.*
74. *La seconde partie de l'opération consiste à fixer les
    droits de chaque copropriétaire. L'exécution de la
    loi n'atteint que l'indivision du groupe familial.*
75. *Du moment où les formalités prescrites ont été rem-
    plies, les opérations sont définitives contre les par-
    ties non comparantes.*

72. — C'est ici que la mission du commissaire-enquêteur commence. Cette mission, dont la grandeur est proportionnée aux résultats à obtenir, ne consiste pas dans un labeur matériel, dans un travail de mensuration, d'arpentage, de levée de plans ou de renseignements à recueillir ; c'est, au contraire, une œuvre d'intelligence et de compétence particulière dans les questions qui touchent aux intérêts les plus intimes des indigènes et les plus élevés de notre conquête

Le commissaire-enquêteur est tout à la fois un agent administratif, un expert-rapporteur, un conciliateur et souvent un juge.

Pour la France, l'Algérie est *aux champs* et non à la ville, *in agris, non urbe*, comme disaient les Romains, il y a 2,000 ans, en parlant de l'Afrique ; elle ne peut être qu'à la condition d'être à la colonisation ; c'est ce qui fait que la constitution de la propriété privée dans les tribus a toujours été, quelquefois à notre insu, la question algérienne par excellence. Le gouvernement s'en est saisi dès les premières années de notre occupation ; et, dès 1834, il envoyait des commissions spéciales pour l'étudier. Le maréchal Bugeaud, dont la figure est si populaire dans l'histoire de nos institutions algériennes, disait (et c'était vrai) que de sa solution dépendaient la pacification du pays, son peuplement et sa sécurité. Le premier acte de cette constitution foncière, l'ordonnance du 21 juillet 1846, était sérieux, mais il n'a produit que des résultats relativement restreints; le second, qui était le cantonnement, a été presque insignifiant; le troisième, c'est-à-dire le sénatus-consulte, est resté incomplet ou inachevé. Il s'agit de faire aujourd'hui ce qui a été commencé trois fois. Il ne suffit pas de faire une loi, mais il faut l'appliquer; s'il appartient à l'administration supérieure d'ordonner et de préparer cette exécution, c'est au commissaire-enquêteur qu'elle est confiée; il en est l'instrument capital. Jusqu'à présent, les opérations de ce genre avaient été remises à des commissions; le législateur de 1873 n'a pas suivi ces errements; pensant, et avec raison, que la responsabilité individuelle fournit plus de garanties que la responsabilité collective, il a substitué l'individualité capable à plusieurs individualités capables. Le commissaire-enquêteur ne devra jamais l'oublier.

73. — C'est le moment et le lieu de formuler l'application du principe fondamental que nous avons posé à l'article 3, et de le matérialiser, pour ainsi dire, par un exemple pratique.

Un commissaire-enquêteur arrive sur un territoire de tribu dont il relève successivement les immeubles. L'immeuble sur lequel le droit appartient, d'après la justification de la loi commune, à plusieurs individus étrangers l'un à l'autre ou formant une seule famille, c'est-à-dire une unité

d'intérêts agricoles et de possession avec jouissance bien définie à titre définitif, est classé
comme étant de propriété privée. Celui, au contraire, sur lequel le droit sera prouvé, d'après les
mêmes règles, au profit d'une collection de ces
unités familiales, à jouissance mal définie, à titre
précaire et provisionnel, cultivant tantôt sur un
point, tantôt sur un autre de la terre, selon les
circonstances, sera de propriété collective.

C'est le caractère définitif ou provisionnel de
la jouissance qui sert de base et de règle ou classement.

Ainsi, un exemple : Une terre était la *propriété
privée* d'Abdallah, il y a 150 ans. Depuis lors,
cette terre a été jouie par ses descendants qui forment aujourd'hui trente groupes, trente unités
d'intérêts dans la possession.

Chacun de ces groupes jouit dans l'ensemble
de la terre, de son lot séparé, en vertu de partages définitifs écrits ou de fait, *animo domini* ; en
cet état, cette terre forme aujourd'hui trente immeubles différents ; et ces trente immeubles forment autant de lots de propriété privée. A une
certaine époque, dans le passé, antérieurement
aux partages et aux appropriations par ces groupes alors que ceux-ci avaient une jouissance précaire soumise aux éventualités et aux incertitudes
de la division, la terre constituait sans doute un
melk collectif, une propriété collective ; mais la
situation a changé avec le temps, et le melk col-

lectif est devenu une collection de melk individuels, d'immeubles de propriété privée.

Nous nous représentons volontiers cette terre
comme un damier dont chaque case renferme une
famille Si la case est fixe et le groupe possesseur
aussi, ce sont autant de propriétés privées ; si, au
contraire, la case est mobile et la possession précaire et flottante, c'est une seule terre de propriété collective.

Si, maintenant, on nous demande ce que nous
pensons de la proportion des melk collectifs avec
les melk individuels, nous répondrons que nous
ne connaissons pas cette proportion, mais, qu'à
notre avis, les melk collectifs sont en petit nombre, que le damier à cases fixes et à possession
définitive est la règle ; et, pour ce qui est des propriétés collectives, on en trouvera peu en dehors
des *terres collectives de culture*, territoires arch.
Si nos prévisions ne se réalisent pas, tant mieux
pour le Domaine ; nous nous en réjouirons.

Et, en effet, le sol des tribus n'est plus aujour-
d'hui ce qu'il était il y a 40 années ; le droit de
propriété s'y est développé avec le progrès de
notre conquête. Pendant que nous dépensions
toutes nos ressources à créer ou à embellir des
villes, l'Arabe des champs n'en était pas moins en
contact avec nous, n'en était pas moins touché
par les idées et le but de notre domination ; et,
imperceptiblement, graduellement, lentement,
très lentement même, à notre insu, à son insu, il

se développait lui-même, il s'attachait de plus fort
à la terre qu'il savait respectée par nous et qui.
dans tous les cas, ne pourrait être emportée par
le conquérant ; puis il sentait instinctivement que
des besoins nouveaux se créaient et que ces besoins ne pourraient trouver leur satisfaction que
dans la possession et les produits du sol. Le désir
de posséder, de s'approprier, de fixer et d'accuser
son droit a donc dû se développer ; de là, la désagrégation de la famille ; de là, les divisions et les
partages entre les familles ; de là, plus de fixité
dans les cases et dans la possession des cases du
damier.

D'un autre côté, les actes législatifs de 1846,
1851 et 1863, et l'intervention des commissions
d'études et de cantonnement ont puissamment con-
tribué à pousser l'Arabe dans cette voie, bien que
le collectivisme soit presque une tradition chez lui;
tant il est vrai que le sentiment de l'intérêt personnel finit par être plus fort que le sentiment de
l'intérêt collectif.

Voilà pourquoi le melk collectif tend depuis
trente ans à disparaître devant le melk individuel
Et voilà pourquoi aussi nous ne devons pas com-
parer la constitution du sol des tribus d'autrefois
avec la constitution du sol des tribus d'à présent.

Le commissaire-enquêteur relève la propriété
collective sur laquelle il constitue la propriété individuelle partout où il la trouve, sans distinguer
les territoires sénatus-consultés des territoires
non sénatus-consultés.

73ᴮᴵˢ. — L'opération dont il s'agit peut se traduire et se résumer ainsi : enquête et application de titres à l'aide de tous documents et renseignements utiles et propres à faire connaître et à préciser la propriété privée revendiquée par l'individu ou le groupe familial. Par la même opération, et sans doute par un procès-verbal distinct, on dégage et on fixe les terres de propriété collective des familles.

L'énumération des documents et pièces à consulter faite par l'article 10, n'est qu'énonciative. Les dossiers relatifs aux territoires sénatus-consultés seront étudiés avec fruit.

Nous sommes en pays musulman et, de plus, en pays de populations arabes encore primitives, où le titre littéral n'a jamais été nécessaire à la preuve des conventions, où les témoignages et les pièces de notoriété ont toujours joui d'une valeur, non supérieure comme on le soutient quelquefois à tort, mais suffisamment considérable pour être dangereuse, et où la rédaction des actes, rédaction toujours obscure et défectueuse, ne présente aucune garantie de contrôle et de sincérité. Par conséquent, bien que la possession ne soit un titre essentiel à l'attribution qu'en matière de constitution de la propriété individuelle, elle aura néanmoins une grande puissance dans la reconnaissance du droit privé. Il arrivera souvent qu'après avoir étudié les actes écrits, s'être efforcé d'en dissiper l'obscurité, d'en comprendre le sens et de les appliquer au terrain revendiqué, le commissaire-enquêteur sera loin d'avoir écarté les doutes et d'être éclairé sur les conclusions qu'il devra proposer ; dans ce cas, il n'aura d'autre guide que la sagesse de l'adage latin : *In pari causâ melior est causa possidentis*, adage qui est de tous les temps et de toutes les législations. Le pétitoire ne sera ordinairement et dans la plupart des cas que le possessoire, ainsi que cela a eu lieu même en France sous l'empire des premières lois organiques du droit de propriété moderne

C'est pour cela et dans cette pensée que notre loi prescrit particulièrement au fonctionnaire enquêteur de se faire donner communication des états de population, et des états et listes relatifs aux impôts ; car, c'est surtout à l'aide de ces documents qu'il suivra la trace des jouissances et la formation des familles. Cependant, on n'oubliera pas que si la possession sert toujours à expliquer les actes et à fixer l'intention des parties contractantes, elle ne prévaut qu'en cas d'insuffisance de titres écrits, ou qu'autant qu'elle se présente avec les caractères légaux de la prescription, c'est-à-dire paisible, continue, à titre de propriétaire et avec une durée de 10 ans entre malékites et 15 ans entre hanéfites. Entre cohéritiers on exige, en général, une possession de 40 années.

S'il s'agit de territoires cadastrés, ou simplement recensés, ou sur lesquels les commissions auront opéré, le commissaire-enquêteur ne négligera pas de se faire représenter les pièces qui s'y rapportent.

74. — La première partie de l'opération générale, c'est-à-dire celle qui comprend particulièrement la réception des documents et titres et l'instruction, étant achevée, le commissaire-enquêteur passe à la seconde en la limitant aux terres de propriété privée : *La constatation des droits de chaque copropriétaire ou cooccupant*, si l'immeuble appartient à plusieurs individus isolés ou à un groupe familial. Mais comme, ainsi que nous l'avons vu (*suprà* n° 63), l'exécution de la loi n'atteint que l'indivision entre les familles, remettant au droit commun le soin de briser l'indivision de chaque famille après la délivrance des titres, le fonctionnaire enquêteur devra s'abstenir de déterminer les éléments d'un partage qui n'est pas prescrit. Il se bornera à indiquer par une fraction aussi simple que possible, la quote-part revenant à chacun.

C'est surtout dans cette partie de son travail que le commissaire-enquêteur doit étudier et reconstituer l'histoire de la famille et de la propriété. Les renseignements nécessaires à l'établissement des généalogies seront surtout l'œuvre du cadi qui l'assistera.

75. — En disant que les *mineurs, les interdits*

et toutes parties non présentes seront représentés par leurs tuteurs légaux ou datifs, leurs mandataires, les cadis et toutes autres personnes ayant la représentation légale selon le droit musulman, la loi entend que le commissaire-enquêteur sera obligé d'accepter ces représentants lorsque leurs qualités ou leurs pouvoirs seront établis.

Le cadi représente de droit les incapables qui n'ont pas de représentant, mais seulement lorsque l'incapacité est régulièrement constatée.

Au surplus, cette disposition de l'article 11 ne peut avoir aucune sanction, puisque les opérations auxquelles les parties n'ont point comparu n'en sont pas moins définitives si toutes les formalités de publicité et autres ont été observées.

« Article 12

« Le commissaire-enquêteur mentionnera dans son
« procès-verbal et signalera à l'administration du
« Domaine tous les immeubles vacants, conformé-
« ment aux dispositions de l'article 3 ci-dessus. »

SOMMAIRE :

76. *L'article 12 s'applique aux biens non possédés et qui reviennent à l'État en vertu du deuxième paragraphe de l'article 3. Vacance et déshérence.*

77. *Le commissaire-enquêteur n'est obligé de relever que ces biens.*
78. *L'État ne peut être propriétaire à titre de déshérence en territoire arch. Opinion de M. Warnier sur ce point.*

76. — Notre article prescrit au commissaire-enquêteur de sanctionner et de signaler à l'administration des Domaines *tous les biens vacants conformément aux dispositions de l'article* 3, expressions qu'il faut traduire par celles-ci : *Tous les biens devenant vacants par suite de l'exécution du deuxième paragraphe de l'article* 3. Or, ces biens sont ceux qui, dans le cours de la constitution de la propriété individuelle, sont reconnus ne pas faire l'objet d'une possession individuelle ou familiale.

Il ne faut pas s'étonner que cette disposition soit au chapitre 1er du titre II dont la rubrique est : *De la procédure relative à la constatation de la propriété privée ;* car bien que les deux opérations soient différentes, elles sont faites parallèlement par procès-verbaux distincts, ainsi, au reste, que nous avons déjà eu l'occasion de le faire pressentir.

Le législateur ne dit pas dans l'article 12, comme il le fait à l'article 3 : *Les biens vacants ou en déshérence ;* il revient, à cet égard, au langage juridique En effet, d'une part, la déshérence n'étant qu'une partie et une variété de la vacance, celle-ci comprend nécessairement celle-là. D'autre part, les prélèvements que l'Etat fait sur la propriété collective en vertu dudit article, il les fait pour cause de *non-jouissance* en particulier, pour cause de vacance en général, et non à titre spécial de déshérence, ce titre lui donnant un droit particulier indépendant de la jouissance ou de la non-jouissance. On ne doit donc jamais employer à propos de l'article 3, les termes *vacance* et *déshérence*, soit alternativement, soit cumulativement, sous peine de commettre la confusion que l'on commet vulgairement et que le législateur a lui-même commise en plusieurs endroits.

Nous ne pouvons nous empêcher de dire, en passant, que M. Warnier semble fonder de grandes espérances sur le sol de déshérence en territoires de tribus; mais que nous ne pouvons les partager.

77. — Cela expliqué, disons donc que les biens signalés par notre article 12 ne peuvent être que ceux *non possédés* sur les surfaces de propriété collective et qui sont reconnus tels dans le cours de l'opération de la constitution de la propriété individuelle; *non possédés*, n'importe pour quelle cause ou quel motif, et qui pour cela tombent dans le domaine de l'État.

Pour tous les immeubles qui appartienent à l'Etat, d'après les lois organiques de son domaine, (y compris naturellement les biens de déshérence et d'héritage), le commissaire-enquêteur peut, aux termes de notre article, s'abstenir. Nous disons *peut* s'abstenir, car, s'il fait le relevé complet de toutes les terres domaniales qu'il rencontre sur tout son chemin dans l'accomplissement de sa mission, il n'en fera que mieux.

78. — Nous lisons dans le rapport de M. Warnier les lignes suivantes :

« A propos de cet article (article 12), qui est
« commun aux anciennes terres *arch* et *melk*,
« catégories que le projet de loi de procédure du
« Gouvernement distingue, on a objecté que la
« déshérence ne semblait pas devoir être prévue
« dans les territoires *arch*, dont le domaine utile,
« seul, appartenait aux usagers, le domaine direct
« étant resté la propriété de l'Etat.

« La Commission a examiné cette objection
« avec le plus grand soin.

« Elle a constaté :

« Qu'antérieurement à la conquête, le droit
« de tout membre d'une tribu, sur une terre *arch*,
« avait toujours été reconnu par la tribu et que,
« généralement, le fils avait succédé au père dans
« l'exploitation de ses lots de culture ;

« Que, depuis que des caïds ont été chargés
« d'administrer les tribus au nom de la France,
« l'autorité française avait toujours fait respecter
« religieusement les droits des tenanciers du sol,
« aussi bien dans les territoires *arch* que dans
« les territoires *melk* ;

« Que l'article 11 de la loi du 16 juin 1851
« est ainsi conçu :

« Sont reconnus tels qu'ils existaient au mo-
« ment de la conquête ou tels qu'ils ont été main-
« tenus, réglés, ou constitués postérieurement
« par le Gouvernement français, les droits de
« propriété et les *droits de jouissance* apparte-
« nant aux particuliers, aux tribus et aux frac-
« tions de tribus ;

« Que, depuis le sénatus-consulte de 1863 et
« en vertu de l'article 1er, les *droits de jouissance*
« ont été déclarés *droits de propriété* ;

« Qu'en conséquence, depuis 1863 obligatoi-
« rement, depuis 1851 certainement et antérieu-
« rement à n'en pas douter, il y avait place à la
« déshérence, puisque le droit à la jouissance
« était consacré par deux actes législatifs qui,
« eux-mêmes, ne faisaient que confirmer les at -
« tributions souvent séculaires.

« Le Gouvernement a reconnu le bien fondé
« de cette interprétation. »

Si, comme nous pensons l'avoir démontré,
notre article et l'article 3 ne sauraient viser les
terres revenant à l'État pour cause de déshérence
proprement dite, les préoccupations de M. Warnier n'ont aucune raison d'être ; ou, plutôt, ce
ne serait qu'en toute autre circonstance, en
dehors du cas prévu par l'article 3, que l'honorable Rapporteur pourrait les avoir. Et puis, nous
ajouterons que s'il fallait examiner ici si l'État

peut être propriétaire par voie de déshérence en territoire arch, nous admettrions sans hésiter la négative; et cela par la raison fort simple que le sol arch proprement dit étant la propriété de la tribu, *ut corpus,* les habitants ne sauraient être propriétaires des surfaces qu'ils occupent et, par suite, les transmettre légalement à leur hérédité.

Mais, dit-on, les occupants font acte de possession continue, vendent et transmettent héréditairement. — Nous répondrons que, s'il en est ainsi, ce n'est plus un sol arch, mais bien un sol melk *(suprà* n° 28) ; or, nous raisonnons, comme M. Warnier, dans l'hypothèse d'un arch. Si des immeubles de la nature indiquée ont été classés comme arch, nous ne pouvons dire qu'une chose : c'est à tort qu'il a été ainsi fait.

« ARTICLE 13

« Les opérations terminées, un double du procès-
« verbal, dressé par le commissaire-enquêteur, sera
« déposé entre les mains du juge de paix ou, à dé-
« faut, du maire ou de l'administrateur français de la
« circonscription.

« Une traduction en langue arabe de ce même pro-
« cès-verbal sera également déposée entre les mains
« du président de la djemmâa ou de l'adjoint indigène
« et, à défaut, entre les mains du cadi.

« Ces dépôts seront portés à la connaissance des
« intéressés par des insertions et publications sem-
« blables à celles énoncées en l'article 8. »

« ARTICLE 14

« Pendant trois mois, à partir des insertions et pu-
« blications sus-mentionnées, tout intéressé pourra,
« par lui-même ou par mandataire, prendre connais-
« sance du procès-verbal et y faire les observations
« qu'il jugera convenables. »

« ARTICLE 15

« Les réclamations de nature à affecter les consta-
« tations du commissaire-enquêteur seront reçues
« par les dépositaires du procès-verbal pendant ce
« délai, et immédiatement transcrites à la suite dudit
« acte, sur un registre coté et paraphé par ledit
« commissaire-enquêteur. »

« ARTICLE 16

« A l'expiration du délai fixé par l'article 14, le
« commissaire-enquêteur se transportera de nouveau
« sur les lieux, tous intéressés dûment prévenus au
« moins quinze jours à l'avance, par les moyens de
« publicité indiqués à l'article 8, à l'effet de vérifier
« l'objet des réclamations, de concilier les parties, si
« faire se peut, et d'arrêter définitivement ses con-
« clusions »

SOMMAIRE :

78. — Le procès-verbal dont il s'agit à l'article 13 doit comprendre l'ensemble des opérations de constatation : constatation de la propriété privée et collective. Si, comme nous le pensons, un procès-verbal est ouvert pour chaque catégorie de terres, ce seront deux procès-verbaux à déposer ou, si on le veut, un seul en partie double. Mais, nous le répétons, ce sont là des détails d'exécution qui regardent les instructions administratives. Quant à nous, il suffit de constater que le travail de reconnaissance des immeubles de droit collectif est soumis au dépôt et aux conséquences du dépôt, comme celui de reconnaissance des immeubles de droit privé. En effet, ce que les articles 20 et suivants *paraissent* (nous disons : *paraissent*, car

nous réservons encore toute notre opinion à cet égard) avoir voulu renvoyer directement à l'appréciation et au jugement du Gouverneur général, c'est (et ça ne peut être tout au plus que cela) la régularité de l'opération de la constitution de la propriété individuelle, c'est le jugement des questions relatives à la possession ; or, le point de savoir si tel immeuble doit être classé dans la catégorie des terres de propriété privée ou collective, c'est-à-dire s'il appartient à une ou à plusieurs familles, n'est point du domaine de ces questions et rentre, par conséquent, dans le contentieux du droit commun. Des individus, ou un groupe familial, ont un réel intérêt à ce que l'immeuble soit déclaré de propriété privée plutôt que de propriété collective puisque, dans le premier cas, il n'est pas exposé aux évictions exorbitantes prévues à l'article 3 ; ils peuvent donc contester et discuter cette partie des conclusions du commissaire-enquêteur ; et ils doivent le faire dans les conditions des articles 15 et suivants, car ce n'est que lorsque le caractère de propriété collective est définitivement donné à la terre, que commence ou peut commencer la compétence exclusive de l'administration.

79. — Le procès-verbal doit comprendre le résumé complet et fidèle de tout ce qui s'est passé dans le cours des opérations de constatation ; car c'est là que la justice et l'administration trouve-

ront les éléments et la base de leurs appréciations et de leurs jugements tant en ce qui touche l'observation des formes qu'en ce qui touche le fond.

80. — Lorsque les observations des intéressés se bornent à des renseignements, à des indications, ou à des critiques de détail, ne pouvant avoir pour résultat que d'éclairer le commissaire-enquêteur, de compléter son travail, et de modifier sans l'altérer la première partie de son opération, elles seront portées sur le procès-verbal par la partie elle-même ou son mandataire ; mais si, prenant le caractère de réclamations, elles affectent les constatations du fonctionnaire et engagent le fond du droit, elles revêtent une sorte de caractère contentieux et doivent dès lors être reçues avec une certaine authenticité ; cette authenticité est donnée par les dépositaires du procès-verbal ou des procès-verbaux ; ce sont eux qui reçoivent les réclamations et les transcrivent sur un registre spécial coté et paraphé par l'enquêteur.

81. — Le délai fixé pour prendre communication et réclamer est fatal. Il est vrai que la déchéance n'est pas formellement prononcée ; mais elle est la conséquence de la disposition qui déclare que les réclamations seront reçues par les dépositaires *pendant le délai* ; ce qui implique qu'à l'expiration du délai, les dépositaires refuseront leur ministère.

Au surplus cette déchéance n'a pas une importance générale, en présence de l'article 18.

L'article 16 est relatif à la plus belle partie de la mission du commissaire-enquêteur : il le constitue magistrat conciliateur.

Les réclamations qui se produiront seront nombreuses ; l'arabe réclame beaucoup, réclame sans cesse, et avec une persistance que rien n'arrête ; les procès pour lui sont un jeu ; mais d'un autre côté, il sait aussi écouter la voix de la conciliation ; si le commissaire-enquêteur a l'intelligence de la situation et connaît les Indigènes, il aura une grande influence auprès d'eux, et avec du tact, de la prudence et de la patience, il pourra prévenir bien des procès et bien des retards. C'est ainsi qu'en empêchant les Indigènes de se jeter dans des contestations téméraires et ruineuses, et d'aviver des haines de familles ou de voisins, il les protègera contre leurs propres entraînements.

« ARTICLE 17

« Pour tout ce qui se rapporte à la constatation,
« à la reconnaissance et à la confirmation de la pro-
« priété possédée à titre privatif et non constatée par
« acte notarié ou administratif, le service des Do-
« maines, sur le vu des conclusions du commissaire-

« enquêteur, procèdera à l'établissement des titres
« provisoires de propriété au nom des individus dont
« les droits ne seront pas contestés.

« Ces titres indiqueront, avec un plan à l'appui, la
« nature, la situation et deux au moins des tenants
« de chaque immeuble ; en cas d'indivision, ils énon-
« ceront les noms de tous les héritiers copropriétai-
« res, ainsi que la quote-part à laquelle chacun d'eux
« a droit.

« Chaque titre contiendra l'adjonction d'un nom
« de famille aux prénoms ou surnoms sous lesquels
« est antérieurement connu chaque indigène déclaré
« propriétaire, au cas où il n'aurait pas de nom fixe.
« Le nom choisi par l'indigène ou, à défaut, par le
« Service des Domaines, sera, autant que possible,
« celui de la parcelle de terre à lui attribuée.

« Avis de ces opérations sera donné par insertion
« et publications, comme il a été dit en l'article 8. »

SOMMAIRE :

83 — Les conclusions du commissaire-enquêteur définitivement formulées sur le vu des observations et réclamations des parties intéressées,
fixent provisoirement la situation de l'immeuble
et le résultat de l'enquête. Si le droit de propriété

privée est litigieux, si plusieurs individus le revendiquent à la fois, on surseoit jusqu'au jour où la Justice prononcera sur le différend. Si, au contraire, il n'est pas disputé, un titre provisoire est délivré, si déjà il n'existe un titre français de la nature prescrite par la loi ; et le service des domaines procède immédiatement à son établissement au nom de tous les copropriétaires avec indication de la quote-part à laquelle chacun à droit.

Une contestation sur une antichrèse, une hypothèque ou tous autres droits immobiliers procédant du propriétaire indiqué n'empêcherait pas la délivrance du titre au profit de ce dernier ; cette contestation ne constituerait pas un incident à la procédure spéciale à notre loi ; les parties régies à cet égard par l'article 19 la règleraient selon leurs conventions et comme litige principal.

Si les parties se sont entendues devant le commissaire-enquêteur sur un nom de famille, ce nom doit être accueilli ; sinon ce fonctionnaire en proposera un que le service des Domaines devra accepter, car, ainsi que nous allons le voir, il importe que le nom de famille figure dans le procès-verbal ou dans les conclusions. Si tous les bénéficiaires du titre sont de la même famille, on ne doit leur donner qu'un seul nom patronymique précédé du prénom de chacun ; si, au contraire, ce sont des individus isolés et étrangers l'un à l'autre, ils doivent avoir, si c'est leur volonté, des noms patronymiques distincts ; s'il n'en était ainsi on pourrait les confondre, malgré eux, dans une même famille qui n'existerait que de nom, ce qui ne saurait être.

On s'est demandé si le titre serait délivré à chaque ayant droit ou seulement au chef de la famille, les autres propriétaires n'ayant qu'un extrait analytique. Nous ferons observer, d'une part, que c'est au nom de tous les copropriétaires et dans d'égales conditions que les titres sont établis et, d'autre part, que la loi ne reconnaît pas de chef de famille jouissant d'un droit de représentation quelconque dans la propriété indivise ; qu'au contraire, elle cherche dans sa lutte contre l'agrégation, à supprimer ou à amoindrir toute personnalité de ce genre. Chaque copropriétaire a donc un droit égal à ce titre. Seulement, pour ne pas multiplier le travail outre mesure, on pourra ne délivrer à chacun qu'un extrait du titre et du plan ; l'original restera aux archives et on pourra y recourir au besoin.

84. — La délivrance des titres provisoires est portée à la connaissance des parties intéressées dans les conditions de publicité prescrites par l'article 8, c'est-à-dire qu'un avis spécial est inséré dans le *Mobacher* et l'un des journaux de l'arrondissement ou, à défaut, du département où se trouvent les immeubles, et publié dans les principaux marchés de la tribu, affiché en français et en arabe à la Mairie de la commune et partout où besoin est.

On remarquera que ce n'est qu'autant qu'il n'existe pas de journal dans l'arrondissement qu'on doit recourir à un journal d'un autre arrondissement.

Il est dans l'esprit de la loi que le même avis comprenne le résumé des conclusions définitives du commissaire-enquêteur. En effet, il est intéressant, à plusieurs égards, que ces conclusions soient portées à la connaissance des tiers.

« Article 18

« Trois mois sont accordés, à dater de cette publi-
« cation, à toute partie intéressée, pour contester
« devant les tribunaux français de l'ordre judiciaire
« les opérations du commissaire-enquêteur et les at-
« tributions faites sur ses conclusions par le service
« des Domaines, en vertu de l'article 17, mais en tant
« seulement que ces attributions porteraient atteinte
« à des droits réels.

« A l'expiration de ce nouveau délai, les titres non
« contestés deviennent définitifs; ils sont immédia-
« tement enregistrés et transcrits aux frais des titu-
« laires par les soins du service des Domaines.

« Ils forment, à dater du jour de leur transcription,
« le point de départ unique de la propriété, à l'exclu-
« sion de tous droits réels antérieurs, comme il est
« dit à l'article 3.

« Aussitôt qu'il aura été statué définitivement sur
« les contestations, les titres sur lesquels elles au-

« ront porté seront ou maintenus ou rédigés à nou-
« veau, en prenant pour base les décisions interve-
« nues ; puis ils seront transcrits et délivrés de la
« même manière que ceux pour lesquels il n'y aura
« pas eu de contestation. A partir de ces transcrip-
« tions, la loi du 23 mars 1855 produira tous ses
« effets. »

SOMMAIRE :

85. *Publicité. Délai pour contester. La contestation doit consister dans une action en justice.*

85bis. *Le délai s'applique aux contestations sur le titre provisoire comme aux contestations prévues à l'article 15. Il faut qu'elles portent sur des droits réels.*

85ter. *Le titre authentique antérieur, administratif, judiciaire ou notarié est soumis aux contestations de l'article 15 et aux dispositions de l'article 18.*

86. *Si le commissaire-enquêteur n'observe pas les conditions prescrites par les articles 10, 11 et 13, ses opérations sont nulles, et on peut poursuivre cette nullité devant les tribunaux.*

87. *Le délai prescrit par l'article 18 est de rigueur. Les contestations prévues par notre article sont celles où les réclamants agissent comme tiers. La situation des ayants cause est réglée par l'article 19.*

88. *Les titres provisoires peuvent être modifiés par les décisions de justice ; celles-ci servent de base aux titres définitifs à délivrer pour les immeubles pour lesquels il n'y a pas eu de titre provisoire. Quid pour l'immeuble contesté, alors que l'on ne suit pas sur la contestation ?*
Ce n'est qu'à l'expiration du délai de trois mois donné pour contester que les titres sont enregistrés et transcrits. Par le fait de la transcription le droit nouveau résultant du titre est opposable aux tiers, analogie avec l'article 16 de l'ordonnance de 1846

Ce n'est pas là un effet normal de la transcription. Erreur du législateur à cet égard.

89. *Les titres administratifs, judiciaires et notariés antérieurs et qui dispensent d'un titre nouveau doivent être aussi transcrits pour produire la purge spéciale prévue par notre article contre les tiers.*

89bis. *Ou bien par analogie avec le cas de l'article 30, on pourrait les déposer au service des Domaines pour avoir un titre nouveau.*

89ter. *Quoi qu'il en soit, le porteur de titres administratifs ou notariés peut, en attendant l'heure de l'application de la loi, remplir les formalités du titre III.*

90. *Les titres résultant de l'application de l'ordonnance du 21 juillet 1846 n'ont pas besoin de la transcription spéciale dont il s'agit; il en est de même de ceux délivrés à la suite du cantonnement Seulement, les bénéficiaires de ces titres peuvent aussi avoir intérêt à remplir les formalités du titre III.*

91. *La transcription du titre administratif, judiciaire ou notarié doit comprendre un nom patronymique pour le transcrivant.*

91bis. *Habbous. Le bénéficiaire du habbous doit être accepté comme propriétaire; par suite, c'est à lui que le titre doit être délivré à l'exclusion de l'héritier. Il n'est pas recevable à former opposition au titre provisoire.*

85. — Trois mois sont accordés, à dater de la publication prescrite par l'article précédent, à toute partie intéressée pour contester, devant les tribunaux, les opérations du commissaire enquêteur et les attributions portées aux titres provisoires

Les tribunaux français sont seuls compétents pour connaître de ces contestations.

En effet, bien que les parties soient indigènes et qu'il s'agisse d'un sol essentiellement arabe, c'est une constitution française que l'on donne au droit.

Le mode de contester, prévue par notre article, consiste dans une action introductive d'instance, tout au moins dans une citation en conciliation. Une lettre, une protestation ou une sommation extra-judiciaire seraient inefficaces.

La procédure est suivie et l'affaire jugée comme affaire sommaire, et ce, par le motif qu'en Algérie toutes les causes sont sommaires aux termes de la législation spéciale.

85ᴮⁱˢ. — Les réclamations dont il s'agit peuvent s'adresser : 1° aux attributions faites aux titres provisoires conformément à l'article 17 ; 2° aux opérations du commissaire-enquêteur.

Pour être recevables en justice, les premières doivent avoir pour objet des attributions de droits réels, doivent porter sur des questions de propriété, de limites, de jouissance des eaux, de servitudes, etc.; il faut qu'il s'agisse, en un mot, d'un démembrement de la propriété, que ce démembrement porte sur le fonds ou sur la jouissance du fonds. Si les critiques ne portaient que sur la forme du titre, sur des conditions n'intéressant que le titulaire, sur des cas d'exécution et d'interprétation de contrats, il n'y aurait pas lieu à litige.

Les secondes ne peuvent être que celles déjà présentées conformément à l'article 15, qui affectaient la constatation du procès-verbal, dont le commissaire-enquêteur n'aura pas tenu compte dans ses conclusions définitives (art. 16), et lesquelles, toujours ou presque toujours, auront empêché la délivrance du titre provisoire ; il s'agit de faire statuer sur ces réclamations si elles ont été produites dans le délai de l'article 15 ; et si on négligeait d'en saisir la justice conformément à notre article, elles seraient de plein droit considérées comme non avenues.

On ne peut en introduire d'autres sous aucun prétexte, quelque grave que soit le grief allégué contre les opérations.

85TER. — Nous avions d'abord pensé en interprétant l'article 3 (n° 54) que du moment où le commissaire-enquêteur avait constaté dans son procès-verbal, suivant l'article 16, l'existence du titre authentique, l'immeuble qui en fait l'objet était remis au droit commun et que l'empire de la loi spéciale cessait ; mais, après un nouvel examen, nous croyons (et cela peut arriver lorsqu'il s'agit d'une loi comme celle-ci) devoir abandonner cette opinion ; et, ce qui nous y détermine surtout, c'est que l'on ne saurait nier que le propriétaire apparent avec titre authentique antérieur peut être contesté, comme tous autres, d'abord en exécution de l'article 15 ; ensuite, comme son titre n'a en réalité qu'une valeur *provisoire* tout le temps qu'il est attaquable, il s'ensuit qu'il peut encore être contesté dans les termes et délais de l'article 18, comme s'il était un vériable titre *provisoire*.

En un mot, les porteurs de titres administratifs, judiciaires ou notariés sont soumis aux réclamations prévues à l'article 15 et aux contestations de l'article 18

86. — Les observations présentées conformément à l'article 14 ne sauraient devenir contentieuses. Cependant, si le commissaire-enquêteur n'a pas observé les formes et conditions prescrites par les articles 10, 11 et 13, on pourra en demander judiciairement la nullité, à condition, bien entendu, qu'on aura protesté dans le délai indiqué auxdits articles 14 et 15.

En effet, cet article considère comme contentieuses les réclamations de nature à affecter les constatations du commissaire-enquêteur ; or, si ce fonctionnaire n'observe pas les délais indiqués, si les formalités de dépôt et de publicité sont insuffisamment accomplies, si les conditions commandées pour assurer un travail complet et garantir les intérêts de la propriété sont remplies d'une manière imparfaite, les opérations dont le résultat est d'entraîner des déchéances et des forclusions rigoureuses sont comme si elles n'avaient pas eu lieu, et lorsqu'on les critique, les critiques portent naturellement sur l'ensemble des constatations.

Le législateur, il est vrai. ne prononce nulle part la peine de nullité ; mais cette peine résulte implicitement du droit de contester, droit qui serait illusoire si les prescriptions de la loi n'avaient pas de sanction ; elle résulte encore de la force des choses ; le commissaire ne pouvant substituer ses volontés ou ses négligences à la sagesse du législateur. Seulement ces sortes de nullités, comme celles de procédure ordinaire, seront jusqu'à un certain point facultatives pour le juge, et les tribunaux ne devront les admettre que lorsqu'ils se trouveront en présence d'une violation de formalités essentielles et susceptibles d'occasionner un préjudice.

87. — Le délai prescrit par l'article 18 est de rigueur comme tous les délais fixés par la loi. Lorsqu'il s'agit d'un acte à faire dans un certain temps, la déchéance est de droit si l'acte n'a pas été fait dans le délai ; il n'est pas nécessaire qu'elle soit prononcée. C'est là une règle générale de droit qui est, au surplus, confirmée spécialement, pour notre espèce, par le deuxième paragraphe de notre article qui déclare qu'à *l'expiration de ce nouveau délai, les titres non contestés deviennent définitifs*.

Il faut remarquer que les contestations prévues par notre article sont celles où les réclamants se présentent en vertu d'un droit propre et personnel, *proprio jure*, comme tiers, et non comme ayants cause de la partie contestée. La situation des ayants cause est réglée par l'article 19.

88. — Au bout des trois mois accordés pour contester, les titres provisoires non contredits sont de plein droit convertis en titres définitifs ; quant à ceux qui auront été contestés, ils sont maintenus ou remplacés par d'autres selon les décisions judiciaires qui interviennent. Pour ce qui est des immeubles sur le droit desquels il y avait eu des contestations empêchant la délivrance du titre provisoire, le titre définitif est aussi délivré selon le jugement, ou les propositions contenues au procès-verbal de l'enquêteur, si les réclamations avaient été abandonnées. C'est alors, et seulement alors, que les uns et les autres sont enregistrés et transcrits aux frais des titulaires par le service des Domaines. Du jour de la transcription, ils forment comme les titres résultant de la constitution de la propriété individuelle en conformité de l'article 3 *(suprà n° 64) le point de départ unique de la propriété à l'exclusion de tous droits réels antérieurs.* A ce point de vue, l'un et l'autre titres ont le même caractère et la même puissance.

C'est un droit de propriété tout nouveau qui résulte du titre transcrit ; il ne peut plus être remis en question à l'encontre des bénéficiaires du titre ; ceux-ci sont désormais seuls propriétaires, sous la réserve de ce qui est dit à l'article 19.

Les tiers ont été prévenus par la publicité avec

laquelle les opérations du commissaire-enquêteur
ont eu lieu ; ils ont fait valoir ou pu faire valoir
leurs prétentions devant la justice ; toutes les
précautions nécessaires pour garantir leurs intérêts ont été prises : ce qui a été fait doit avoir un
caractère définitif ; l'incertitude doit cesser ; ceux
qui n'ont pas veillé à leurs intérêts sont justement
déchus et le titre leur est opposable.

C'est la reproduction, dans toute leur force et
avec toutes leurs conséquences, des dispositions
de l'article 16 de l'ordonnance du 21 juillet 1846.

La transcription a ici une portée particulière,
extraordinaire, supérieure : Elle purge l'immeuble des droits des tiers, tandis qu'en principe, et
aux termes de la loi organique du 23 mars 1855,
son action ne s'étend pas au delà des droits
conférés par les auteurs du transcrivant. Le législateur semble avoir méconnu cette différence et
ce principe, lorsqu'il dit qu'à partir de la transcription, *la loi du 23 mars 1855, produira tous ses
effets..., que le point de départ unique de la propriété date du jour de la transcription, à l'exclusion de tous droits antérieurs.* Mais, cette erreur
ne change pas la disposition et le caractère de
notre article. Le législateur veut que le droit
nouveau prenne naissance à la transcription et
que cette transcription constitue une fin de non
recevoir contre la revendication des tiers, c'est
l'essentiel ; seulement, il a pensé que ces effets
découlaient naturellement et normalement de la

transcription faite selon la loi de 1855 ; en cela il s'est trompé ; mais, ces effets sont tout de même acquis non en vertu de cette loi spéciale de 1855, mais en vertu de la loi spéciale de 1873, et parce que notre article 18 accorde expressément cette vertu à la transcription qu'il prescrit.

89. — Notre article ne vise que les titres délivrés en exécution des opérations du commissaire-enquêteur ; mais, que doit-on décider pour les titres administratifs, judiciaires et notariés préexistants et qui dispensent d'un titre nouveau ? La transcription spéciale dont il s'agit est-elle nécessaire pour que ces actes deviennent définitifs et opposables aux tiers ? Ou bien, la transcription qui en aurait déjà été faite dans les conditions ordinaires à l'époque où ils ont été rédigés, est-elle suffisante et produit-elle cet effet ?

D'abord, disons tout de suite que cette dernière transcription, faite sous l'empire de la loi du 23 mars 1855, n'a pu et ne peut produire que les conséquences résultant de cette loi. Elle garantit l'acquéreur contre tous actes réels consentis par son vendeur et contredisant le sien, mais elle ne saurait jamais, par elle-même et par elle seule, créer *à posteriori* et contre les tiers, des déchéances qui ne sont pas de sa nature. Si le législateur de 1873 l'avait dit expressément, il faudrait obéir à cet ordre bien que contraire au principe de la non-rétroactivité des lois et du respect des intérêts des tiers, mais il ne l'a pas dit et il n'a pas voulu le dire.

Mais rien ne s'oppose à ce que le porteur de titres administratifs, judiciaires ou notariés fasse opérer la transcription particulière prévue par notre article ; il doit même le faire et, dans ce cas, il jouit de tous les avantages qui y sont attachés. Par quelles raisons pourrait-on lui refuser la faculté d'opérer cette transcription, dans les conditions où elle est opérée pour les titres nouveaux ? Ce propriétaire est soumis, comme les autres, aux opérations du commissaire-enquêteur ; et particulièrement, ainsi que nous venons de le voir, aux réclamations autorisées par les articles 15 et 18, et aux actions en justice qui en sont la conséquence. Il subit l'épreuve de toutes les mesures prises par le législateur pour assurer les intérêts contraires, jusqu'à l'époque où la transcription constituant la purge ordinaire et extraordinaire doit être faite ; son droit a aussi été examiné et apprécié d'après la même procédure ; pourquoi lui refuserait-on dans ces conditions les avantages de cette procédure dont la transcription est le dernier acte ? Ce serait illogique ; et ce serait même faire à un propriétaire qui paraît privilégié par l'ancienneté de ses titres une position inférieure qui l'obligerait à recourir pour obtenir sa sécurité aux formalités extraordinaires du titre III, ce qui ne nous paraît pas être la pensée de la loi.

Au surplus, cette solution est la conséquence de ce que nous avons dit plus haut (N° 84).

89bis. — Nous sommes convaincu que tout ce que nous venons de dire est dans l'esprit de la loi. Cependant, il serait peut-être plus simple de l'exécuter autrement.

D'après l'article 30, le titre de vente consentie par un indigène à un européen est, après l'accomplissement des formalités de purge spéciale prescrites par les articles 25 et suivants, déposé au service des Domaines lequel délivre un titre nouveau dans les conditions dudit article. Il aurait été naturel d'en agir ainsi pour les actes notariés, judiciaires ou administratifs qui constatent le droit privé, que l'on rencontre dans le cours des opérations du commissaire-enquêteur et qui sont prévus aux articles 3 et 17. Du moment où ces actes seraient devenus définitifs, ainsi que nous l'avons expliqué, ils seraient remis au service des Domaines qui délivrerait le titre définitif avec toutes les énonciations et garanties de l'article 30 qui s'applique aux actes passés avant l'application de la loi, et de l'article 18 visant les actes résultant de cette même application.

Cette procédure a, selon nous, échappé aux prévisions du législateur, autrement il n'aurait pas manqué de la prescrire. Ne pourrait-on pas dans la pratique suppléer à ces prévisions ? On le pourrait, sans doute, d'autant plus que la procédure que nous avons enseignée comme étant celle résultant de l'esprit de la loi, n'est pas précisément écrite.

89ᵀᴱᴿ. — Quoi qu'il en soit, si le porteur de titres authentiques antérieurs ne veut pas attendre l'heure de l'application de la loi nouvelle dans le territoire où se trouve son immeuble pour rendre ses titres inattaquables, il a la faculté (s'il est dans dans les conditions prévues) de remplir les formalités dudit titre III; ce fait, il n'a pas à se préoccuper de ce qui sera fait plus tard, ou plutôt il n'a à s'en préoccuper que pour se prévaloir de sa position devant le commissaire-enquêteur à l'époque indiquée et faire valoir ses titres ; sa position est définitivement fixée ; seulement, il faut qu'il la fasse connaître et qu'il la revendique dans les conditions de la loi ; s'il s'abstenait, son immeuble pourrait être attribué à un autre ; auquel cas deux titres définitifs se rencontreraient.

90. — Les titres délivrés dans les territoires où l'ordonnance du 24 juillet 1846 a été appliquée, ne sont pas soumis à une transcription nouvelle ; ainsi que nous l'avons vu, ils sont déjà investis en vertu de l'article 16 de cette ordonnance de l'autorité nécessaire pour résister à l'action des tiers ; et puis on ne procède pas sur ces territoires aux opérations de notre loi.

Il en est de même de ceux résultant de l'opération du cantonnement bien que cette mesure n'ait ni la même portée, ni le même caractère que celle de l'ordonnance.

Seulement, depuis le jour où le droit de propriété a été ainsi fixé, il a pu se modifier et se compliquer par suite de compétitions héréditaires, de partages, etc., de sorte que des droits contradictoires ont pu naître. Un individu indigène, par exemple, s'est cru seul héritier et a disposé de tout l'immeuble héréditaire alors qu'il avait des cohéritiers ; ou bien, il n'avait lui-même aucun droit dans la succession ; comme tout le sol appartenant aux musulmans n'a pas cessé d'être régi par la loi musulmane, malgré l'application de l'ordonnance de 1846 ou du cantonnement, cette situation peut se présenter et, pour notre compte, nous sommes convaincu qu'elle est fréquente. Or, le détenteur actuel a intérêt, (surtout s'il s'agit d'une terre cantonnée) à assurer la valeur absolue de ses titres en faisant appel au titre III de notre loi.

91. — Les porteurs d'actes administratifs, judiciaires ou notariés qui font transcrire doivent prendre un nom patronymique dans l'acte de transcription.

91 BIS. — Nous avons dit *(suprà* n° *8)*, que le habbous étant un droit réel d'institution musulmane, était atteint par la disposition abolitive

de l'article 1er, et que désormais les immeubles soumis à la loi française ne pourraient plus en être privés. Nous avons ajouté (n° 13), qu'à l'avènement de la loi nouvelle et par suite de son application, le droit de jouissance du bénéficiaire était converti en droit de propriété incommutable à l'exclusion des propriétaires fonciers. Nous devons, sur ce dernier point, présenter quelques observations complémentaires.

D'après la doctrine musulmane, la terre redevient melk de plein droit, du moment où elle est dégrevée du habbous; d'où il suit que si on ne consultait que cette doctrine, on devrait décider que la loi nouvelle en supprimant le habbous, remet l'immeuble aux propriétaires d'après l'ordre successoral. Mais les règles du droit musulman, en cette partie, ont été modifiées par la législation algérienne.

En effet, d'après l'ordonnance du 1er octobre 1844, la loi du 16 juin 1851, et le décret du 30 octobre 1858, le droit de vendre le bien habboussé a été concédé au bénéficiaire du habbous et, par suite, le droit de propriété a été implicitement reconnu au profit de ce dernier. C'est ce qu'ont jugé trois arrêts de la Cour d'Alger des 26 décembre 1855, 18 novembre 1861 et 23 mars 1863 (Jurisp. de la Cour. 1861, p. 277. 1863, p. 69.)

« Considérant, dit l'arrêt du 23 mars, qu'aux
« termes des dispositions combinées de l'ordon-

« nance du 1er octobre 1844, article 2, et de la
« loi du 16 juin 1851, article 17, tout bail à rente
« perpétuelle, même s'appliquant à des biens
« déclarés inaliénables par la loi musulmane,
« emporte transmission définitive et irrévocable
« de ces biens ; qu'il en résulte, au point de vue
« des faits du procès, la double conséquence : —
« 1° Qu'en vertu de l'acte notarié du 19 octobre
« 1858, portant vente ou cession par Zéïra à
« Housse des droits lui compétent dans la succes-
« sion de son aïeul Naaman Bey et comprenant di-
« vers immeubles frappés de habbous, ledit Housse
« est devenu, par l'effet de ce contrat, propriétaire
« irrévocable des biens qui en faisaient l'objet ;
« — 2° Que cette situation, en ouvrant à Zeïra,
« venderesse, le droit corrélatif à l'attribution du
« prix de cette aliénation, a opéré en sa personne
« une véritable substitution de la qualité de pro-
« priétaire à celle de simple usufruitière qu'elle
« tenait de la constitution de habbous, le droit
« de disposer ne pouvant, en effet, se concevoir
« sans un droit préexistant de propriété ;.. »

Il est vrai qu'un autre arrêt du 5 juin 1861
(Ib. 1861, p. 278) a consacré une doctrine contraire, en décidant que le prix de la vente d'un
bien haboussé devait revenir à l'héritier par le
motif que si cette vente, consentie par le bénéficiaire du habbous, est validée, *ce n'est, d'après le*
décret du 30 octobre 1858, qu'au regard de l'ac-
quéreur ; elle n'en est pas moins nulle au regard

du vendeur; mais un tel raisonnement ne saurait être admis.

Tout d'abord, si le législateur a autorisé ou validé les ventes de habbous, ce n'est pas précisément dans l'intérêt personnel d'un acquéreur qui sait toujours qu'en achetant un habbous, il achète un immeuble inaliénable en principe et qui, par cela même, ne mérite pas la protection que l'on n'accorde généralement qu'à la bonne foi. C'est, au contraire, bien plutôt dans le but de réduire le plus possible le domaine mainmortable dont le caractère contrarie nos idées et l'essor colonisateur. Or, ce but du législateur ne serait pas atteint si le bénéficiaire se trouvait dépouillé par la vente qu'il ferait lui-même, et si l'héritier propriétaire profitait seul de la suppression du Wakf ; jamais, dans une telle situation, un dévolutaire ne s'aviserait de faire un acte qui aurait pour résultat de faire passer l'immeuble ou le prix qui le représente, aux mains d'un autre.

Cette considération suffirait à elle seule pour écarter la doctrine de l'arrêt du 5 juin. Mais il existe un autre motif plus intimement juridique ; et ce motif, le voici : Ainsi que le dit fort bien l'arrêt du 23 mars 1863, on ne peut pas concevoir une vente valable, sans un droit préexistant de propriété au profit du vendeur, que ce droit résulte de titres, ou d'une fiction ou d'une déclaration de la loi. Or, c'est précisément ce droit que le législateur algérien a reconnu ou déclaré dans la pensée et dans le but que nous savons. Il a voulu que l'usufruit soit converti en propriété, comme il a voulu par l'ordonnance de 1844 que les locataires à rente perpétuelle deviennent des propriétaires complets.

C'est en vain que l'arrêt du 5 juin objecte que la vente est nulle à l'égard de celui qui vend, car, s'il en était ainsi, si la vente était considérée comme non avenue à l'égard de ce dernier, il en résulterait non pas une dévolution au profit de l'héritier, mais bien que le habbous serait présumé comme existant toujours, comme se continuant ou persévérant sur le prix ; et alors, la jouissance du dévolutaire persisterait non plus à titre immobilier, mais à titre mobilier, résultat qui paraîtrait certainement bizarre et qui créerait une situation en dehors des prévisions du législateur algérien et du législateur musulman.

Nous pensons donc, sans hésiter, que la doctrine de l'arrêt du 23 mars 1863 doit prévaloir.

Si la cessation du habbous par la vente implique le droit de propriété au profit du bénéficiaire, cette substitution doit s'opérer dans tous les cas où l'immeuble est dégrevé du habbous par une disposition de la loi. En effet, ce que le législateur doit vouloir et veut nécessairement dans ces circonstances, c'est la consolidation, dans un intérêt public, de la propriété sur la tête du possesseur. Celui qui jouit, qui souvent, par lui ou ses auteurs dans la dévolution, aura défriché, planté, *vivifié* la terre, doit être préféré à celui qui, exclu par l'auteur commun, par le constituant, se sera toujours tenu éloigné de l'immeuble, et ne l'aura jamais considéré comme pouvant un jour entrer dans son patrimoine ou dans le patrimoine de sa famille.

A toutes ces raisons, nous en ajouterons une dernière : c'est que l'on ne comprendrait pas que l'immeuble pût, dans ces divers cas, être attribué à l'héritier, alors que le constituant, par le fait de l'institution d'un établissement pieux comme dernier dévolutaire (cette condition est essentielle aux habbous), l'a soustrait et a voulu le soustraire pour toujours à son hérédité, si, comme c'est l'usage, le habbous est perpétuel.

Si nous appliquons ces principes à la loi du 26 juillet 1873, nous devons conclure que le propriétaire désigné au commissaire-enquêteur sera le bénéficiaire du habbous, et que les héritiers ne pourront réclamer contre l'attribution faite à son profit.

Il est bien entendu que ce que nous disons est exclusivement particulier à la constatation de la propriété privée ; car ainsi qu'on le sait, la possession est la seule règle (c'est une règle que nous devons rappeler à chaque occasion, au risque de nous répéter) en matière de constitution de la propriété individuelle.

« ARTICLE 19

« Tout créancier hypothécaire ou tout prétendant
« à un droit réel sur l'immeuble devra, à peine de
« déchéance, faire inscrire ou transcrire ses titres au
« bureau des hypothèques de la situation des biens,
« avant la transcription du titre français.

« Ces inscriptions, transcriptions ou renouvelle-
« ments des inscriptions précédemment prises de-
« vront contenir les prénoms et noms de famille por-
« tés dans les titres provisoires, établis conformément
« à l'article 17.

« Le conservateur des hypothèques ne pourra tran-
« scrire aucun acte translatif de propriété posté-
« rieur à la délivrance des titres français, s'il ne
« contient pas les noms de famille des parties con-
« tractantes.

SOMMAIRE :

92. *Si les tiers sont forclos à partir de l'expiration du
délai de trois mois pour saisir les tribunaux fixé
par l'article 18, les ayants cause du propriétaire
ont jusqu'à la transcription du titre provisoire
pour inscrire, réinscrire ou transcrire leurs droits.
Comment ces formalités doivent être remplies ; leur
effet. Inscriptions et transcriptions tardives ; leur
valeur.*
93. *Difficultés en ce qui touche l'obligation de porter
dans les inscriptions et transcriptions nouvelles le*

nom familial du propriétaire Les intéressés n'arriveront pas toujours à vaincre ces difficultés. Exemples.

94. *Interprétation qui doit être donnée à l'article 19, si on veut le rendre exécutable.*

95. *Le conservateur des hypothèques ne pourra, à l'avenir, transcrire ou inscrire des actes immobiliers, s'ils ne contiennent pas les noms de famille des parties contractantes. Avis aux notaires.*

96. *Enumération des actes à transcrire ou à inscrire. Les Européens comme les Indigènes sont soumis aux prescriptions de notre article. Nécessité d'éclairer et de guider les indigènes dans les formalités qu'ils ont à remplir.*

92. — Nous avons vu sous l'article précédent que les tiers doivent, dans le délai de trois mois, à partir de la publication des opérations définitives du commissaire-enquêteur et de la délivrance des titres provisoires à peine de déchéance saisir les tribunaux des réclamations qu'ils ont à produire tant contre lesdites opérations, que contre les attributions; qu'à défaut de contestation ou sur les décisions intervenues, les attributions faites sont définitives à l'égard de tous prétendants à des droits réels après enregistrement et transcription.

Nous avons ajouté que cette disposition s'appliquait particulièrement aux tiers revendiquants, agissant *proprio jure*.

Mais si ceux-ci sont forclos à partir de l'expiration du délai fixé, il n'en est pas de même des ayants cause à droits réels du bénéficiaire du titre. En un mot les réclamants de l'article 15 et ceux qui veulent contester conformément à l'article 18 sont déchus après les trois mois fixés par cet article ; les *formalisants* de l'article 19 sont protégés jusqu'au moment où le dernier acte de la loi va s'accomplir. L'ayant cause peut se révéler jusqu'à la transcription. Cette disposition tient à la différence qui existe entre les intérêts en jeu. Le droit de propriété une fois fixé au profit d'un individu, à l'encontre de ses compétiteurs, il reste la question des contrats et des droits dont l'immeuble peut être grevé du chef du propriétaire définitif ou de ses auteurs. Ce sont les bénéficiaires de ces droits que notre article a en vue. Le créancier porteur de contrats ou de jugements hypothécaires, le copartageant, l'échangiste doivent inscrire leurs hypothèques ou priviléges, ou renouveler les inscriptions antérieurement prises, quelle que soit l'époque où elles auront été prises ; l'acquéreur définitif ou à pacte de réméré doit transcrire ou retranscrire son contrat d'acquisition. Et comme un droit nouveau de propriété est créé au profit d'un indigène, et que cet indigène a changé de nom, qu'il a désormais un nom familial au regard de la terre, les inscrivants et transcrivants sont tenus, à peine de nullité, d'indiquer dans l'acte auquel ils procèdent les prénoms et noms de famille du propriétaire leur auteur, tels qu'ils sont portés sur le titre transcrit.

Les inscriptions ainsi prises ou renouvelées, et les transcriptions ainsi faites conservent aux droits qu'elles protégent le rang et le caractère qu'ils avaient antérieurement ; ce n'est que dans ce but que ces formalités sont ordonnées. Si le créancier ou l'acquéreur s'abstenait, il perdrait les avantages réels de son rang à l'égard des autres ayants droit du propriétaire, mais il conserverait, bien entendu, le bénéfice de son action personnelle résultant du contrat.

Néanmoins, les inscriptions prises et les transcriptions faites tardivement ne seraient pas nulles ; seulement, elles ne vaudraient, à l'égard des tiers qu'à partir de leur date. Ainsi, un créancier hypothécaire ou privilégié qui ne renouvellerait son inscription qu'après la transcription du titre nouveau de son débiteur perdrait le rang que lui assurait l'inscription, mais son droit réel ne disparaîtrait pas ; seulement, les autres créanciers qui auraient été plus vigilants le primeraient. Il en est de même pour un acquéreur dont la position antérieure serait parfaitement régulière et assurée ; si la nouvelle transcription est tardive, il sera exposé à voir disparaître son droit devant un acquéreur possesseur mais plus vigilant.

93. — La loi exige, disons-nous, que ces actes d'inscription et de transcription portent les prénoms et noms de famille énoncés au titre provisoire. On trouvera les renseignements nécessaires au bureau

de l'Enregistrement ou des Domaines. On les trouvera aussi dans des avis publiés en exécution du dernier paragraphe de l'article 17, si ces avis sont suffisamment détaillés ; dans tous les cas, le procès-verbal du commissaire-enquêteur renfermera toutes les indications utiles.

Cependant, il ne faut pas se dissimuler que l'accomplissement de la formalité prescrite ne sera pas sans difficulté. Elle obligera les ayants cause du propriétaire à des démarches et à des recherches qu'on aurait pu leur éviter. Si ceux-ci n'avaient qu'à inscrire ou transcrire leurs titres, rien ne serait plus facile et plus ordinaire ; c'est toujours ce qu'ordonnent, sous des conditions et des formes plus ou moins différentes, les lois nouvelles de ce caractère ; et c'est ce qu'a ordonné, pour fixer le passé, la loi du 23 mars 1855 ; mais ce que notre article exige est, à un certain point de vue, tout à fait anormal puisque le nom nouveau ne se trouve pas au contrat que l'on présente au conservateur des hypothèques.

Cette difficulté d'exécution s'aggravera même dans certains cas. En effet, lorsqu'il s'agit d'une inscription à prendre ou à renouveler, l'inscrivant peut porter dans le bordereau le nom patronymique de son débiteur. Mais, s'il s'agit d'une transcription, le conservateur qui doit copier littéralement l'acte sur ses registres sera, dans ce cas, obligé de substituer un nom inconnu de lui au nom contractuel, ce qui peut paraître bizarre et ce qui est certainement singulier ; cependant, le conservateur ne pourra pas refuser de procéder à la transcription ; l'impétrant sera probablement obligé de certifier sur l'acte le nom nouveau, comme on fait en matière d'indication de valeurs pour la perception des droits d'enregistrement.

Dans le but de faciliter, autant que possible, les renseignements, les titres provisoires devront énoncer, entre parenthèses, l'ancien nom à côté du nouveau.

Mais le titre provisoire peut être infirmé par jugement postérieur rendu à la suite de contestations prévues à l'article 18 et, dans ce cas, le titre définitif est délivré au profit du contestant. Le nom patronymique de ce dernier ne sera naturellement pas énoncé dans le procès-verbal du commissaire-enquêteur, puisque le titulaire n'aura pas été proposé dans ses conclusions ; il n'aura pas été compris davantage dans la publication ordonnée par l'article 17 ; il ne sera donc que dans le titre qui aura été enregistré ; les intéressés devront donc le chercher à l'Enregistrement ou au Domaine. Admettons qu'ils puissent en prendre connaissance ; mais, lorsqu'ils arriveront à la conservation des hypothèques, ils trouveront, sans doute, le titre de propriété transcrit, puisque la loi ne met aucun délai entre la délivrance du titre, son enregistrement et sa transcription ; que, bien mieux, elle exige *qu'ils soient immédiate-*

ment enregistrés et transcrits ! Leur vigilance aura donc été inutile !

Autre hypothèse : Nous avons dit, plus haut (n° 89) que les porteurs d'actes notariés ou administratifs remplaçant le titre nouveau devaient ou pouvaient, dans tous les cas, faire transcrire afin de rendre leur droit opposable aux tiers, et que dans cette opération ils devaient prendre un nom patronymique. Ici, il y a impossibilité absolue pour les intéressés de connaître le nom familial ; comment feront-ils pour se conformer aux prescriptions de la loi et éviter la déchéance ?

On remarquera qu'il n'est pas possible aux intéressés de se dispenser d'employer ou d'énoncer le nouveau nom du propriétaire, car notre article en fait une condition de la validité des inscriptions et transcriptions ; le dernier paragraphe de notre article indique l'importance que le législateur attache à cette formalité.

Nous pensons que le législateur n'a pas prévu toutes les éventualités et tous les dangers et que la situation ne lui a pas apparu d'une manière bien nette. Dans un tel cas, il est nécessaire que la pratique vienne au secours des intéressés. La loi n'a pu vouloir créer une obligation en ne permettant pas de la remplir.

94. — Voici, à notre avis, comment la difficulté doit être résolue :

Lorsqu'il s'agit de la transcription d'un titre qui n'a pas été délivré en provisoire, l'article 19 ne peut être appliqué qu'autant que les parties intéressées auront été prévenues comme l'ont été celles dont il s'agit à l'article 18. Or, le procès-verbal du commissaire-enquêteur qui renferme toutes les opérations de ce fonctionnaire reste déposé pendant trois mois chez divers agents de l'administration, et ce dépôt est publié (art. 13); après une vérification des observations et réclamations faites par les parties intéressées, le commissaire arrête définitivement ses conclusions. Nous avons dit *(suprà n° 84)*, que ces conclusions devaient être aussi publiées ; il est en effet intéressant de savoir ce que l'on a à faire contre les opérations terminées ; et, pour cela, il est nécessaire de connaître le cas qui a été fait des observations présentées et le résultat définitivement acquis au procès-verbal. Cet intérêt est particulièrement remarquable dans la question qui nous occupe.

Le procès-verbal et les conclusions indiquent, outre les revendiquants non contestés auxquels un titre provisoire doit être délivré, les contestations qui ont surgi, le nom des contestants, le nom familial qu'ils ont dû prendre ou que le commissaire-enquêteur leur a donné d'office ; ils doivent aussi indiquer les immeubles sur lesquels le droit est fixé par un acte administratif ou notarié ou par un jugement, *toujours avec le nom patronymique proposé*, s'il n'en existe pas dans les actes. Les intéressés sont donc avisés ; leur attention est éveillée ; ils ne peuvent pas être surpris. Un délai d'au moins trois mois, à partir de la publication des conclusions leur est assuré pour inscrire ou transcrire leurs actes ; ce délai sera même plus considérable s'il s'agit d'une terre contestée, pour laquelle un arrêt définitif devra être rendu. Si, par une prudence extrême, ils remplissent les formalités avant cette décision de justice alors qu'ils ignorent encore si leur auteur sera propriétaire, le mal n'est pas grand ; ils ne s'exposent qu'à quelques frais inutiles, ce qui est de minime considération.

Il nous semble que si on veut rendre l'article 19 exécutable, c'est ainsi qu'il faut l'interpréter.

Le nouveau droit de propriété exige un nom de famille chez le propriétaire ; par suite tous les acquéreurs postérieurs devront prendre un nom de famille, s'ils n'en ont pas déjà ; et, à l'avenir, *le conservateur des hypothèques ne pourra transcrire aucun acte translatif de propriété postérieur à la délivrance des titres français, s'il ne contient pas les noms de famille des parties contractantes.*

Cette disposition s'applique à tous les titres français, tant ceux délivrés en exécution de la présente loi que de ceux existants déjà, actes notariés, administratifs et jugements.

C'est aux notaires à veiller à l'exécution de cette prescription.

Bien que la loi ne parle que de la transcription d'actes translatifs de propriété, nous pensons qu'on doit procéder de même pour les actes hypothécaires et autres relatifs à des droits réels.

96. — Comme la transcription dont il s'agit dans notre article est bien celle dont le caractère et les effets sont prévus par la loi du 23 mars 1855, c'est cette même loi qui doit nous fournir l'énumération des actes à transcrire et des ayants cause à droits réels. Voici ces actes :

1° Tout acte entre vifs translatif de propriété immobilière ou de droits réels susceptibles d'hypothèque ; 2° Tout acte portant renonciation à ces mêmes droits ; 3° Tout jugement qui déclare l'existence d'une convention verbale de la nature ci-dessus exprimée ; 4° Tout jugement d'adjudication (rendu par un juge français ou musulman) autre que celui rendu sur licitation au profit d'un cohéritier ou d'un copartageant ; 5° Tout acte constitutif d'antichrèse, de servitude, d'usage et d'habitation ; 6° Tout acte portant renonciation à ces mêmes droits ; 7° Tout jugement qui en déclare l'existence en vertu d'une convention verbale ; 8° Les baux d'une durée de plus de 18 années ; 9° Tout acte ou jugement constatant, même pour bail de moindre durée, quittance ou cession d'une somme équivalente à trois années de loyers ou fermages non échus ; 10° Tout jugement prononçant la résolution d'un acte immobilier antérieurement transcrit.

La transcription de tous ces actes est obligatoire d'une manière absolue et sans tenir compte des distinctions admises par la loi de 1855.

Quant aux actes à inscrire ou réinscrire, ce sont naturellement les actes constituant des hypothèques, conventionnelles, judiciaires ou légales, des priviléges de vendeur, de copartageant et d'entrepreneur.

On doit aussi inscrire le droit à l'action résolutoire.

Mais il est à remarquer que, dans les cas où la terre sera restée à l'état essentiellement musulman, les] actes à transcrire ou à inscrire ne seront, le plus souvent, que des contrats indigènes de vente (portant sur le sol ou sur l'eau), de tenia (antichrèse), de partage, de servitude, de donations, de jugements de cadis ou de medjelès statuant sur l'existence de droits immobiliers.

Les Européens comme les indigènes sont soumis aux prescriptions de notre article.

Pour éviter aux indigènes, dont la plupart ne comprendront pas ce qu'il y a de rigoureux dans les formalités à remplir et les délais à observer, les déchéances sévères qui ont été la conséquence de l'exécution de l'ordonnance du 21 juillet 1846, il sera nécessaire que l'administration particulièrement chargée de la direction des opérations de la loi du 26 juillet 1873, les guide, les éclaire et fasse les publications de maniére à les rendre efficaces. Ce sera surtout un devoir pour le commissaire-enquêteur.

CHAPITRE II

De la procédure relative à la constitution de la propriété individuelle

« ARTICLE 20

« Dans tous les cas où il s'agira de constituer la
« propriété individuelle sur les territoires occupés
« par les tribus ou par les douars à titre collectif, il
« sera procédé suivant les formes prescrites par les
« articles 8, 9, 10 et 11 ci-dessus. Le procès-verbal
« du commissaire-enquêteur, accompagné de tout le
« dossier de l'enquête, d'un plan parcellaire et d'un
« registre terrier, sera soumis à l'approbation du
« Gouverneur général civil, en Conseil du gouver-
« nement.

« L'arrêté d'homologation sera pris dans le délai
« de deux mois, à partir de la réception du dossier
« au secrétariat du Conseil du gouvernement.

« Immédiatement après l'approbation du Gouver-
« neur général civil, il sera procédé par le service
« des Domaines, à l'établissement des titres nomina-
« tifs de propriété. Ces titres seront accompagnés de
« plans; en cas d'indivision constatée, les titres ex-
« primeront en regard du nom de chaque coproprié-
« taire, la quote-part à laquelle il aura droit, sans
« appliquer néanmoins cette quote-part à aucune des
« parties de l'immeuble.

SOMMAIRE :

97. — Nous arrivons à la procédure relative à la constitution de la propriété individuelle ; mais nous n'y arrivons que pour constater qu'elle est déjà organisée. En effet, l'article 20 dispose qu'il sera procédé à cette opération suivant les formes prescrites par les articles 8, 9, 10 et 11. Comme ces articles sont organiques de l'opération de constatation de la propriété privée, il arrive, ainsi que nous l'avons dit, que les deux opérations sont faites en même temps et marchent parallèlement, chacune ayant son procès-verbal. Une terre est reconnue être de propriété privée, d'après les résultats de l'enquête prescrite par l'article 11, elle figure au procès-verbal n° 1 qui est continué jusqu'à l'article 16 inclusivement. Si une autre est de propriété collective, d'après la même enquête, elle est portée au procès-verbal n° 2, procès-verbal qui comprend des propositions d'attribution conformément à l'article 3. Ce procès-verbal s'arrête à l'article 11 ; de là, il est adressé *avec tout le dossier de l'enquête, un plan parcellaire et un registre terrier* à M. le Gouverneur général civil qui statue en Conseil du gouvernement sur les propositions du commissaire-enquêteur. Les articles 13, 14, 15 et 16 n'étant pas applicables à l'opération dont il s'agit, il s'ensuit que le procès-verbal n'est pas soumis au dépôt prescrit par l'article 13, que les intéressés ne sont pas avisés de son contenu, qu'ils sont

inhabiles à présenter leurs observations, protestations et contestations. D'après le texte de la loi,
l'enquête terminée, le gouverneur général rend
sa décision , en homologuant ou en modifiant le
travail du commissaire-enquêteur, et ce sans prévenir ni entendre les parties.

98. — Il ne faut pas se dissimuler qu'une telle
situation faite à une catégorie de propriétaires est
tout à fait anormale et exorbitante de toute loi
commune. Si on ne constituait la propriété individuelle selon la possession que sur *les terres collectives de culture*, ce système se justifierait au
point de vue de la compétence administrative et
sauf à le compléter par quelques mesures propres à avertir les tiers, par ce que nous savons
déjà de la nature précaire du droit des possesseurs et les dispositions sur ce point, contenues
aux articles 27 et suivants du décret du 23 mai
1863 qui confient aux commissions le droit de
statuer sur les difficultés relatives au projet de
lotissement desdites terres. Mais, ainsi qu'on le
sait, on constitue, en outre, sur une autre catégorie d'immeubles (melk collectifs), immeubles
sur lesquels un véritable droit privatif existe,
bien que la possession de ce droit se manifeste
sous une forme collective.

Par une dérogation déjà grave aux principes de
la législation antérieure de l'Algérie, notre loi
ne respecte et ne protége les propriétaires de

ces terres qu'autant qu'ils *possèdent effectivement*;
par une seconde dérogation, encore plus grande
que la première. on leur enlève la faculté de réclamer contre les appréciations de l'enquêteur et
on leur dénie tout recours contre les erreurs de ce
fonctionnaire. Oui, sans doute, il y a un certain
correctif à cette exception : M. le Gouverneur général n'est pas tenu d'homologuer purement et
simplement le travail du commissaire-enquêteur ;
il statue sur un examen libre, attentif, impartial,
toujours intelligent, et après avoir pris l'avis de
toutes les supériorités administratives ; mais M. le
Gouverneur général n'étudiera pas personnellement ces volumineux dossiers qui lui seront com-
muniqués, comme un avocat peut étudier une
cause qu'il va plaider, ou comme un juge cherche
les principes et les règles d'un jugement qu'il va
rendre. Ce haut fonctionnaire a autre chose à
faire que d'étudier des dossiers et de procéder à
une comparution de parties; il devra nécessairement s'en rapporter à l'étude qu'un conseiller-
rapporteur fera de l'affaire, et ce conseiller-rap-
porteur lui-même, quelle que soit sa bonne
volonté, son savoir juridique et son expérience
des affaires arabes, ne pour raétudier que les constatations du procès-verbal.

Ainsi donc, il ne faut pas en douter, dans une
opération où le fond est essentiellement engagé,
une partie de la propriété collective reste où paraît rester sans juge et ne peut user de la faculté

de réclamer contre ce qu'elle considère comme une atteinte à son droit réputé inviolable.

Cette anomalie juridique a déjà, comme nous l'avons vu au n° 41, amené certaines opinions à soutenir que la loi nouvelle était entièrement faite dans l'esprit du sénatus-consulte et que les *terres collectives de culture* (sol arch) étaient seules soumises à la constitution de la propriété individuelle. Ces opinions ne nous ont jamais surpris. Nous dirons même qu'elles s'expliquent par les expressions dont le législateur de 1873 s'est servi dans les articles 3 et 20, expressions *(propriété collective au profit d'une tribu ou d'une fraction de tribu.... territoires occupés par les tribus ou les douars à titre collectif)* empruntées à la loi du 16 juin 1851, au sénatus-consulte et au décret de 1863, où elles ne sont employées que pour la terre de tribu ; et il est certain, selon nous, qu'elles auraient naturellement prévalu si M. Warnier n'était venu, dans son rapport d'abord, et dans ses explications devant la Commission supérieure ensuite, donner des définitions étendant ou contredisant le sens vulgaire du texte.

Cette anomalie a aussi frappé le Conseil du gouvernement à propos du sol collectif de la tribu des Amarnas ; il a cherché un système susceptible de concilier la loi avec le respect du principe de la propriété.

Comme la situation est délicate, et que tout ce qui sort du Conseil du Gouvernement a une importance et une valeur incontestées, surtout dans une matière où il est, en quelque sorte, juge, nous devons, à cet égard, entrer dans quelques détails.

Le 20 juin 1874, M. Perrioud qui était, à cette époque, particulièrement chargé de tous les travaux préparatoires sur la constitution de la propriété indigène adressait à cette assemblée le rapport suivant :

« Les opérations constitutives de la propriété individuelle, qui se poursuivent avec une grande activité dans les trois provinces, ont déjà abouti à des résultats très appréciables, dépassant même les espérances qu'on avait pu concevoir. Deux dossiers complets ont été adressés au Gouvernement général pour être soumis à l'homologation réglementaire ; plusieurs autres sont achevés et ne tarderont pas à être placés sous vos yeux. — Toutefois, avant que votre juridiction ait à s'exercer, au vu de ces documents, une question préjudicielle d'une sérieuse importance a paru devoir être déférée, d'urgence, a votre examen. — Parmi les tribus où la loi du 26 juillet 1873. vient d'être appliquée, figure celles des *Amarnas*, près Bel-Abbès, comprenant 1,168 hectares de *terres collectives*, de culture (arch), d'après le décret de répartition du 9 mars 1867. Au moment de transmettre au Gouverneur général le travail du commissaire-enquêteur, M. le Préfet d'Oran a cru devoir faire part de ses scrupules et de ses doutes sur la régularité de la procédure suivie. — La question peut être posée ainsi qu'il suit : — « Dans les tribus où la propriété est possédée à « titre collectif, le procès-verbal du commis- « saire-enquêteur doit-il être traduit en arabe, « déposé entre les mains du juge de paix (ou « Maire) et du Président de la Djemmâa, afin de « mettre les prétendants droit en demeure de « produire les réclamations et revendications « prévues par la loi (Art. 13, 14, 15 et 16 ?) » — Au premier aperçu, cela paraît aussi rationnel qu'équitable, car un des principes primordiaux de la nouvelle loi est de supprimer la distinction du sol algérien en territoire *arch* et territoire *melk*. — « Au dualisme des mots *melk* et *arch*, « dit le rapport de la Commission parlementaire, « nous substituons l'appellation générique du « mot de propriété, en y adaptant, suivant le cas, « l'un des deux modes de possession exprimés « par les termes *privée* ou *collective*. » — Lors de son séjour à Alger, au mois d'octobre dernier, M. le député Warnier a donné à la Commission, présidée par M. le premier Président Cuniac, des explications très développés sur le sens, la portée et la valeur juridique de ces mots propriété *privée* et propriété *collective*. — C'est, notons-le, en qualité d'organe de la pensée du législateur, que le rapporteur de la Commission parlementaire a fourni ces éclaircissements que je crois indispensa-

ble de résumer ici comme constituant le fond même du débat. — Au regret exprimé par quelques membres de voir supprimer les appellations de *melk* et d'*arch*, employés depuis si longtemps dans les lois algériennes et les documents administratifs (voire même dans le projet de loi du gouvernement), termes correspondant à des situations parfaitement définies et connues de tous, M. Warnier répond : — « C'est ce que la Com-
« mission parlementaire, à l'unanimité moins
« une voix, n'a pas voulu. Il y a bien le *melk*
« *individuel*, mais il y a aussi le *melk collectif*
« de famille, il y a même le *melk collectif de plu-*
« *sieurs familles*, de *plusieurs tribus*. Or, que
« voulait la Commission ? faire cesser la col-
« lectivité partout où elle existait, en territoire
« melk comme en territoire arch ; et, en consi-
« dérant le mot *melk* comme équivalent à celui
« de propriété individuelle, elle aurait admis ce
« qui n'est pas, à savoir : que dans tout territoire
« melk, les commissaires-enquêteurs n'auraient
« qu'à *constater* la possession individuelle du sol,
« sauf recours aux tribunaux, tandis qu'il auront
« le plus souvent à y constituer la propriété sous
« la sanction du gouvernement. » — Qu'on me permette, avant de continuer mon exposé, d'appeler, dès à présent, l'attention du Conseil sur cette déclaration importante qui aurait pour effet, si elle était admise, de soumettre aussi à votre juridiction les opérations du commissaire-enquê-

teur en territoire melk, toutes les fois que l'indivision serait constatée entre plusieurs familles
ou plusieurs groupes, ce *qui est le cas général*.
— Comme on le verra plus loin, une des conséquences non moins frappantes de cette doctrine,
serait encore de soustraire à l'action des tribunaux les contestations qui surgissent au vu des
opérations du commissaire-enquêteur. Ainsi, son
procès-verbal, simplement *déclaratif* de possession, dans la procédure tracée au chapitre Ier du
titre II, devient *ipso facto* (bien qu'il s'agisse
d'une propriété *melk* que nos lois déclarent
inviolable et sacré), devient, dis-je, *attributif de
propriété* en dernier ressort. — C'est ce qui res-
sortira, d'une manière plus nette encore, en pénétrant au cœur de la question posée par le
Préfet d'Oran, à propos des Amarnas. — Il faut
bien le reconnaître, la loi du 26 juillet 1873, en
faisant, comme le décret du 23 mai 1863 pour
l'application du sénatus-consulte, une distinction
dans les opérations relatives à l'établissement de
la propriété indigène, suivant que celle-ci a le
caractère *privé* ou le caractère *collectif*, n'a considéré les premières que comme une constatation
pure et simple à confirmer par le service des
Domaines (article 11, § 5), et a considéré les secondes comme une attribution à faire proposer
par le commissaire-enquêteur et à soumettre à
l'homologation du Conseil du gouvernement (article 3 et 20.) Ces attributions que l'homologation

rend définitives, sans recours devant les tribunaux, revêtent bien le caractère d'un travail de
répartition entre les membres d'une collectivité
où les droits privés n'ont point encore d'existence
légale, et on ne paraît pas admettre que ce travail
soit compliqué et entravé par les compétitions des
tiers acquéreurs, par exemple, intervenant dans
un partage laissé en définitive à l'appréciation
du Gouverneur général. — Tel était, on se le
rappelle, le principe dominant dans la 3e série
des opérations prescrites par le sénatus-consulte
du 22 avril 1863, c'est-à-dire : La *constitution*
de la propriété individuelle. Mais remarquons que
l'on avait eu soin de dégager préalablement du
bloc des terres de la tribu, les propriétés melk
et beylik, les communaux et le domaine public.
Le résidu se composait donc exclusivement des
terres *arch*, classées par les décrets sous la dénomination de *terres collectives* de culture à *répar-
tir entre les* membres du douar ou de la tribu.
Or, ces terrains sur lesquels les indigènes étaient
censés n'avoir que des droits précaires, éventuels,
le sénatus-consulte les avait attribués à titre
définitif à la collectivité, personne civile, mais
en se réservant (article 2, § 3), d'en faire opérer
administrativement la répartition. — La loi nouvelle, on l'a vu, n'admet plus ces distinctions.
Elle ne reconnaît partout que des propriétaires
incommutables du sol qu'elle divise seulement en
deux grandes catégories : La propriété *privée*, la

propriété *collective*. — Malgré cette assimilation du terrain melk et du terrain arch, les procédés d'établissement ou de régularisation de la propriété indigène diffèrent sensiblement dans la loi du 26 juillet 1873. Ils forment l'objet de deux chapitres distincts sauf *quelques références*. Je souligne à dessein ces deux derniers mots, car c'est là précisément que gît le nœud de la difficulté très grave qui est soumise à vos délibérations — Le chapitre Ier du titre 11 (ou loi de procédure), est consacré à la *constatation* de la propriété privée. Après avoir défini le rôle du commissaire-enquêteur, ses opérations sur le terrain, il prescrit le dépôt entre les mains du juge de paix (ou Maire), et du Président de la Djemâa (ou adjoint indigène) d'un double, en français et en arabe, du procès-verbal récapitulatif des travaux (article 13.) Des publications sont faites aussitôt pour mettre les intéressés en mesure de prendre connaissance du procès-verbal et de produire les réclamations auquelles il peut donner lieu, le tout pendant le délai de trois mois (articles 14 et 15). A l'expiration de ce délai, le commissaire-enquêteur se transporte de nouveau sur les lieux, tous intéressés dûment prévenus, à l'effet de vérifier l'objet des réclamations, concilier les parties, etc…. Puis le Domaine délivre des titres provisoires de propriété au nom des individus'dont les droits ne seront pas contestés (article 17.) Un nouveau délai de trois mois est accordé par l'article 18 à toute partie intéressée pour contester devant les *tribunaux français* les attributions contenues dans ces titres provisoires. — Si nous passons maintenant à la procédure qui fait l'objet du chapitre II *(constitution de la propriété individuelle)*, nous ne retrouvons plus un seul des articles analysés ci-dessus : — Ce chapitre débute ainsi : « Dans tous les cas où il s'a- « gira de constituer la propriété individuelle sur « les territoires occupés par les tribus ou par les « douars à *titre collectif*, il sera procédé suivant « les formes prescrites par les articles 8, 9, 10 « et 11 ci-dessus. » Mais là s'arrête la référence. Nulle part, dans le reste du chapitre, il n'est question des formalités et mesures conservatoires qui font l'objet des articles 12, 13, 14, 15, 16, 17 et 18. — Ainsi, comme dispositions communes aux deux modes de procédure, nous trouvons les mêmes moyens de publicité, de réquisitions de documents, même composition de personnel, mêmes investigations sur le terrain. Voilà tout ! — Dès que le procès-verbal du commissaire-enquêteur, renfermant ses conclusions pour les attributions de parcelles, sera terminé, il sera soumis avec les diverses pièces à l'appui à l'approbation du Gouverneur général en Conseil de gouvernement. Immédiatement après l'homologation, le service des Domaines procèdera à l'établissement de titres nominatifs de propriété qui seront enregistrés et transcrits. Ces titres, délivrés aux ayants droit en vertu de l'article 20, § 3, sont définitifs *de plano*, et ne donnent nullement lieu à l'action en revendication des parties intéressées. Pour celles-ci, il n'est d'autre garantie que le contrôle du Conseil de gouvernement, garantie presque illusoire, il faut bien le reconnaître, quand les divers prétendants droit n'ont pas été mis à même, par les publications légales, de contester les attributions du procès-verbal. — Il existe, cependant, une exception à cette règle ; elle est formulée dans l'article 22 du même chapitre : « L'administration « des Domaines, dit cet article, inscrit au som-« mier de consistance des immeubles appartenant « à l'Etat, tous les biens déclarés vacants ou en « deshérence. en vertu des articles 3 et 12, « quand ils n'auront pas fait l'objet de revendica-« tions régulières dans le délai imparti par l'ar-« ticle 15 » — Le législateur admet donc implicitement, en *territoire collectif*, la possibilité des revendications entre les mains des dépositaires du procès-verbal, comme à l'article 13 relatif à la constatation de la propriété privée (chapitre Iᵉʳ). On conçoit, en effet, que l'attribution à l'Etat des biens dépendant du territoire collectif, est une atteinte à la propriété commune que nous voulons individualiser. Mais en accordant ce mode de publicité. cette garanti aux habitants du douar. à l'encontre du Domaine. le législateur a-t-il voulu en priver ceux-ci du moment que ce n'est plus l'Etat mais de simples particuliers qui exer-

cent ces revendications ? Les auteurs de la loi
ont-ils eu le dessein arrêté de conférer au commissaire-enquêteur, en territoire collectif, un
pouvoir sans limites, une autorité absolue, presque
sans contrôle ? Ont-ils entendu soustraire à l'action tutélaire des tribunaux de droit commun, les
réclamations, — même les mieux fondées, —
portant sur des groupes *collectifs* de terrains classés comme *melk* par les décrets de répartition
rendus en exécution du sénatus-consulte ? —
Telles seraient, cependant, les conséquences qu'on
devrait tirer rigoureusement de l'article 20 de la
loi si, en réalité, les références qu'il indique dans
les procédés d'exécution, s'arrêtaient intentionnellement aux articles 8, 9, 10 et 11. En admettant même que le législateur ait résolu d'accorder
au commissaire-enquêteur le droit exorbitant de
statuer en dernier ressort, et sans publicité, sur
les attributions dans ce territoire *arch* où les occupants étaient censés n'avoir qu'une jouissance
précaire, ce pouvoir peut-il s'étendre à un *melk*
indivis entre plusieurs familles, par exemple ? —
Une telle interprétation de la loi serait, notons-le,
en contradiction ouverte avec la jurisprudence de
la Cour d'Alger qui reconnaît que les décrets rendus en exécution du sénatus-consulte ont définitivement constitué les divers groupes de terres
d'une tribu (1re Chambre, 17 novembre et 31 décembre 1873). Ainsi, d'après cette doctrine, là où
la terre a été classée comme melk ou propriété

privative (bien qu'à l'état d'indivision) les attributions ne sont définitives que sous la garantie des divers modes de publications prévus, et du recours aux tribunaux judiciaires, le cas échéant. — Hâtons-nous de dire que l'étude attentive et le rapprochement de tous les documents officiels qui ont précédé ou suivi la promulgation de la loi, ne font apercevoir nulle trace de l'intention du législateur de conférer aux commissaires-enquêteurs une autorité décisive aussi absolue, et qui serait de nature, parfois, à engager gravement la responsabilité du Gouvernement qui les nomme à cet emploi. — Les deux rapports imprimés de M. le député Warnier, ni les explications qu'il a donnés à la Commission algérienne. ne fournissent aucun éclaircissement sur l'omission des articles 13, 14, 15, 17 et 18 dans les références du chapitre consacré à la constitution de la propriété individuelle. Même silence sur ce point (si important cependant), lors de la discussion de la loi à l'Assemblée nationale. — Eu effet, le rapport à la Commission parlementaire annonce qu'il respecte l'économie générale du projet élaboré, à Alger par le Gouvernement et qu'il ne s'en écarte que sur quelques détails d'exécution. Or, que renfermait à ce sujet le projet de loi du Gouvernement ? — Au chapitre de procédure consacré à l'*établissement de la propriété en terre arch*, on lisait à l'article 18 : « Il « est ensuite procédé comme il est dit aux arti- « cles 6, 7 et 8 de la présente loi », ce qui voulait

illire : — 1° Un double du procès-verbal sera déposé aux lieux réglementaires ; — 2° Les réclamations seront ouvertes pendant trois mois et enregistrées à la suite du procès-verbal. — Puis, à l'expiration du délai de trois mois, le commissaire-enquêteur se transportait de nouveau sur les lieux, tous intéressés dûment prévenus, à l'effet de vérifier l'objet des réclamations et d'arrêter définitivement ses conclusions (article 19). Ce n'était qu'après cette dernière vérification que le procès-verbal attributif était soumis à l'homologation du Conseil de gouvernement (article 20). — Rapporteur, à cette époque, du projet de loi élaboré par la Commission algérienne (projet moins compliqué, d'une exécution plus rapide, soit dit en passant), je puis déclarer ici qu'il était dans la pensée du gouvernement général d'assurer aux possesseurs de bonne foi des terrains collectifs les mêmes garanties de contrôle et de sécurité qu'aux autres propriétaires. Et cela nous avait paru d'autant plus équitable, que, comme le fait remarquer M. le préfet d'Oran dans sa lettre ci-jointe : « Les con-
« testations se produisent souvent en plus grand
« nombre dans les terrains collectifs que dans
« les melk, et que, dès lors, les revendications
« diverses qui peuvent surgir semblent devoir
« être accueillies et instruites comme pour ces
« derniers. »

RESUMÉ

Si aride que soit le rapprochement minutieux

de tous les textes cités dans ce rapport, j'ai dû faire partager au Conseil l'ennui de cette fastidieuse étude pour arriver à mettre en pleine lumière cette présomption que l'article 20 de la loi du 27 juillet 1873 renferme une grave lacune qui mettrait en péril les intérêts les plus légitimes. — Est-ce à dire qu'il soit indispensable de recourir d'urgence à l'Assemblée nationale pour réparer les omissions signalées? Je ne le pense pas. S'agissant, dans l'espèce, d'une garantie de droit commun qui ne porte aucune atteinte aux intérêts des tiers, j'estime que l'administration supérieure est fondée, sans outrepasser ses pouvoirs, à argumenter de l'article 22 relatif aux *revendications* prévues en *territoire collectif*, pour décider que le commissaire-enquêteur remplira, dans tous les cas, les formalités édictées par les articles 13, 14, 15, 16 de la loi. Quant à la délivrance des titres elle aura lieu conformément à l'article 20, c'est-à-dire aussitôt après l'homologation du travail par le Conseil de gouvernement. — Cette lacune. *certaine*, d'après moi, dans la référence des articles, pourra être comblée dans un avenir prochain, lorsque l'expérience qui se poursuit dans les trois provinces aura montré la nécessité d'alléger la loi d'un formalisme exagéré, de délais trop longs et qui paralyseraient, par suite, les bons résultats attendus de cette grande œuvre. — Dans cette situation, je ne puis donc que proposer au Conseil d'émettre, par *voie d'interprétation*, l'avis : 1° Que les procès-verbaux des commissaires-enquêteurs relatifs aux attributions de propriétés en territoire *collectif* (melk ou arch) seront déposés comme il est dit à l'article 13; 2° Que les parties auront un délai de trois mois pour prendre connaissance des attributions proposées et les contester, au besoin, sur un registre spécial; 3° Et enfin, qu'à l'expiration de ce délai, les Commissions d'enquête se transporteront de nouveau sur les lieux, à l'effet de vérifier l'objet des réclamations et d'arrêter définitivement les conclusions formulées dans les procès-verbaux déférés au Conseil de gouvernement. »

Après une première discussion, M. Perrioud fit un second rapport à la date du 11 juillet suivant ; ce document est ainsi conçu :

« Le rapport, que j'ai eu l'honneur de lire au Conseil, à sa dernière séance, avait pour but d'appeler son attention sur l'article 20 de la loi du 26 juillet 1873 relatif aux opérations de constitution de la propriété individuelle dans les territoires collectifs. Suivant toute vraisemblance, à mon avis, une grave lacune de nature à mettre en péril les intérêts les plus légitimes, devait exister dans le texte de cet article. — Deux modes distincts de procédure ayant été tracés, selon que l'occupation du sol musulman affecte le caractère

de propriété privée ou collective, j'ai montré que
le législateur paraissait, en ce qui concerne cette
dernière, avoir négligé, intentionnellement ou
non, les formalités conservatoires et les moyens
de publicité dont il a si sagement entouré la propriété privative. — L'omission signalée dans le
rapport porte principalement, vous le savez, sur
les articles 13, 14, 15 et 16 qui prescrivent :
— 1° De porter à la connaissance des intéressés,
au moyen d'un procès-verbal bilingue, les constatations du commissaire-enquêteur ; — 2° De laisser à ceux-ci un délai de trois mois pour prendre
connaissance de ce document et y consigner, le
cas échéant, tout contredit sur les attributions
proposées ; — 3° De faire opérer par la Commission une nouvelle enquête sur les lieux, à l'effet
de vérifier l'objet des réclamations et de concilier
les parties. — Après l'accomplissement de ces
mesures tutélaires qui semblent, en vérité, commandées par les plus simples raisons d'équité et
de convenance, le dossier du douar arrive au
Conseil de gouvernement qui est saisi de l'appréciation des litiges et statue en dernier ressort.
Puis, sitôt cette homologation obtenue, le Domaine délivre des titres de propriété à tous les
attributaires. — Telle était la procédure indiquée dans le projet du Gouvernement général,
procédure conforme à tous les précédents sur la
matière. La question se posait donc ainsi qu'il
suit : — En arrêtant les références de l'article 20

aux dispositions contenues dans les articles 8, 9, 10 et 11 du chapitre 1er le législateur de 1873 a-t-il marqué à ce point la différence existant entre la propriété privée et la propriété collective, qu'il ait cru pouvoir, dans un but d'accélération des travaux, supprimer à l'égard de celle-ci les conditions de sécurité les plus élémentaires que tout état social bien organisé assure aux possesseurs du sol ? — Cela m'a paru inadmissible, et je crois que ce sentiment a été partagé par le Conseil. — Non, la loi nouvelle n'a pas eu le dessein de conférer au commissaire-enquêteur un pouvoir discrétionnaire, au-dessus du droit commun et des tribunaux, — de faire, en un mot, d'un agent de l'administration, l'arbitre souverain de la fortune publique. — Et, dût-on considérer comme intentionnelle, — ainsi qu'un des membres de ce Conseil se propose de le démontrer à la présente séance, — l'omission des articles précités dans les références de l'article 20, j'estime que le Gouverneur général serait encore fondé dans ce cas, sinon à répudier entièrement cette exorbitante délégation d'autorité au commissaire-enquêteur, du moins à l'entourer, à l'aide de simples mesures administratives, de garanties de contrôle et de publicité assez larges pour atténuer la responsabilité qu'il assumerait par le choix de ces fonctionnaires. Ces mesures, l'intérêt public comme l'intérêt de l'administration supérieure, les sollicitent également. — Au cours de la discussion qui a eu lieu samedi dernier, un des membres les plus autorisés de cette assemblée par sa haute compétence dans ces matières, avait émis l'avis d'unifomiser, autant que possible, la procédure pour les deux espèces de propriété (privée et collective). — Toutefois, la contexture des articles 17 et 18 du chapitre Ier s'adaptant essentiellement aux formes de la propriété privative, et, d'autre part, impliquant une juridiction autre que celle édictée par l'article 20, le Conseil, d'accord avec l'auteur du vœu, a pensé qu'il convenait de présenter une rédaction mixte, en quelque sorte, qui, tout en donnant satisfaction aux vues libérales de M. le Premier Président, ne s'affranchirait pas de tout lien de droit avec la procédure réglée au titre II. — Or, les procédés spéciaux à la constitution de la propriété en territoire collectif sont, en premier lieu, la substitution de la *juridiction administrative* (le Conseil de gouvernement) aux tribunaux judiciaires et, en second lieu, la délivrance par le Domaine de *titres définitifs* (à la place des titres provisoires) immédiatement après l'homologation. — A part ces deux dispositions propres et formellement édictées par l'article 20, la procédure sera la même pour les propriétaires, dans les deux territoires. Ainsi, aux uns comme aux autres, l'administration assure toutes les facilités désirables, grâce à un large système de publicité ; — elle accorde à tous un délai moral suffisant pour faire valoir leurs droits ou leurs

prétentions à la possession du sol. — Il ne me
resterait donc plus, Messieurs, qu'à soumettre à
votre examen ce projet de rédaction, lequel serait
transformé ensuite en instruction réglementaire,
si la discussion de samedi dernier n'avait attiré
l'attention du Conseil sur une question importante
et qui n'a été qu'effleurée jusqu'à présent. — J'ai
rappelé que M Warnier, organe de la Commission parlementaire, supprimait toute ligne de
démarcation entre la possession au titre arch
et la propriété melk indivise entre plusieurs familles ou plusieurs groupes. — Mais, quelle que
soit l'autorité du Rapporteur de la Commission, il
faut néanmoins reconnaître que cette assimilation
complète n'est pas écrite dans la loi. Et, qu'on me
permette de le dire, le sentiment général de cette
assemblée m'a paru beaucoup moins radical sur ce
point que la théorie de M. le député Warnier. —
Doit-on admettre, en effet, dans cet ordre d'idées,
que le propriétaire d'une part indivise dans une
terre reconnue melk en vertu d'un titre écrit ou
décret impérial (ce qui est équivalent, selon moi),
sera soustrait, s'il survient un litige, à l'action des
tribunaux judiciaires, par la seule raison que le
terrain est resté à l'état d'indivision entre plusieurs familles? Mais ce serait le renoncement de
toutes les lois et de la jurisprudence algériennes
en matière de propriété indigène. Le Conseil
a été impressionné, je crois, par les conséquences
graves qu'entraînerait une assimilation complète,

et il a semblé vouloir établir une distincion réelle
entre les tribus sénatus-consultées où les divers
groupes de terres ont été classés dans certaines
catégories, par des décrets *ayant force de loi*,
et les tribus où aucune opération de la sorte
n'a encore eu lieu. — Cette distinction est
d'autant mieux fondée, qu'à diverses reprises,
dans son rapport, la Commission parlementaire
déclare que la loi nouvelle confirme le sénatus-
consulte dans toutes ses dispositions. — Je suis
donc amené à dire que si le Conseil veut que ce
respect avoué pour les résultats du sénatus-consulte de 1863 ne reste pas à l'état purement pla-
tonique, il est nécessaire d'introduire dans le
libellé de l'instruction sur l'application de l'article 20 de la loi une différence de traitement entre
les territoires, suivant qu'ils ont ou n'ont pas
donné lieu à des décrets de répartition. — Si
vous admettez cette théorie, que je crois aussi
rationnelle que juridique, je soumettrai à vos délibérations le projet d'avis suivant : « Le Conseil
« de gouvernement appelé, au point de vue des
« instructions administratives nécessaires pour
« assurer l'exécution de l'article 20 de la loi du
« 26 juillet 1873, à interpréter le sens dudit ar-
« ticle ; — Considérant que les conditions de
« publicité et de communication des documents
« de l'enquête faite par le commissaire-enquê-
« teur sont, en réalité, des obligations de droit
« commun dues aux possesseurs du sol comme

« aux tiers ; — Considérant que les revendica-
« tions admises en principe (même en ce qui
« concerne la propriété collective) par l'article 22
« de la loi ne sauraient constituer un droit sé-
« rieux, si le travail de répartition du commis-
« saire-enquêteur n'était communiqué préalable-
« ment aux divers prétendants à la possession du
« sol et si les réclamations de ceux-ci n'étaient
« inscrites à la suite du procès-verbal : — Emet
« l'avis : — 1° Que, dans les tribus qui ont fait
« l'objet de décrets de repartition en exécution
« du sénatus-consulte de 1863, ainsi que dans
« les territoires non sénatus-consultés, lorsque
« le sol a été ou devra être classé comme *arch*
« (propriété collective de culture), un double du
« procès-verbal du commissaire-enquêteur, en
« français et en arabe, sera déposé comme il est dit
« à l'article 13 ; — Les intéressés pourront, pen-
« dant un délai de trois mois, prendre connais-
« naissance du procès-verbal et y faire les ob -
« servations qu'ils jugeront convenables, suivant
« les formes indiquées aux articles 14 et 15 ; —
« A l'expiration de ce délai, le commissaire-
« enquêteur se transportera de nouveau sur les
« lieux, à l'effet de vérifier les réclamations,
« concilier les parties, et arrêter définitivement
« ses conclusions; les réclamations des parties
« feront l'objet de procès-verbaux d'instruction
« de revendication circonstanciés avec croquis à
« l'appui, au besoin (formule n° 10 de l'instruc-

« tion du 4 janvier 1874), et seront suivis de
« l'avis du commissaire-enquêteur, du général
« ou du préfet, suivant le territoire (article 16 ;)
« — Le procès-verbal du commissaire-enquê-
« teur, accompagné de tout le dossier de l'en-
« quête, sera soumis au Conseil de gouverne-
« ment article 20, § 1 et 2) ; — Immédiatement
« après l'approbation du Gouverneur, il sera pro-
« cédé par le service des Domaines à l'établisse-
« ment de titres nominatifs de propriété (arti-
« cle 20) ; 2° Que, dans les tribus où la propriété
« a été classée par les décrets de répartition
« sous l'appellation de *melk* ou de propriété *pri-
« vée* (bien qu'à l'état collectif on indivis), et
« dans les tribus non sénatus-consultées où la
« propriété, indivise entre plusieurs familles ou
« groupes de population, est possédée à titre
« *melk*, les tribunaux français seront seuls com-
« pétents pour prononcer sur les litiges, et qu'il
« sera procédé, en un mot, suivant toutes les
« formes indiquées par le chapitre Ier du titre II
« consacré à la constitution de la propriété pri-
« vée. »

Le même jour, 11 juillet et après une discussion
fort approfondie, le Conseil émit le vœu suivant :

« 1° Dans les tribus où, en exécution du séna-
tus consulte de 1863, un décret a opéré la répartition des terres entre les divers groupes. (beylik,

melk, arch; terres collectives de culture), cette
répartition est définitive, il n'y a plus de litige
possible sur sa classification. — Les seuls litiges
qui puissent se produire sont de deux ordres : —
Les uns relatifs aux prétentions individuelles dans
les terres melk; — La solution en est préparée
par le commissaire-enquêteur, dans les formes et
délais prescrits par le chapitre Ier du titre II ; elle
appartient exclusivement aux tribunaux (articles 17
et 18, constatation, reconnaissance). — D'autres
contestations peuvent s'élever sur la part à attribuer à chacun dans la terre arch (terre collective
de culture). — La solution doit en être préparée
de la même manière, mais elle appartient au Gouverneur en Conseil de gouvernement (articles 6
et 20). — Il est conforme à l'esprit de la loi de
laisser aux intéressés la possibilité de connaître
non seulement le procès-verbal du commissaire-
enquêteur déposé ainsi qu'il est dit à l'article 13,
et d'y contredire selon les articles 14 et 15, mais
encore la faculté de connaître les conclusions (article 16) et d'y contredire (article 18, § 1er). —
Mais, cette contradiction ne sera pas appréciée
par les tribunaux, elle ne portera pas sur des titres provisoires à la délivrance desquels il n'y a
pas lieu; elle portera sur les conclusions du
commissaire-enquêteur, le tout sera souveraine-
ment décidé par le Gouverneur en Conseil (article
20); la délivrance des titres suivra immédiatement
(article 20). — Les revendications dirigées con-

tre le Domaine (article 22) seront jugées par les tribunaux s'il s'agit de prétentions à la propriété privative, par le Gouverneur s'il s'agit de terres arch. — 2° Dans les tribus non sénatus-consultées, une autre opération s'impose aux commissaires-enquêteurs : ils sont substitués aux anciennes commissions du sénatus-consulte. — Tout se poursuivra simultanément. — Mais il peut se produire un ordre de contestations *préalables*, les mêmes qui étaient prévues par le sénatus-consulte. — Quant à la répartition des terres en groupes : — Si un indigène soutient que telle terre classée comme arch est melk, il se pourvoira devant les tribunaux, seuls juges du groupement, comme ils l'étaient sous l'empire du sénatus-consulte. — Les opérations suspendues pour ces parcelles se poursuivront, pour tout le reste, comme dans les tribus sénatus-consultées et selon les distinctions indiquées au § 1er. — S'il n'y a que des melk dans une tribu sénatus-consultée ou non le chapitre Ier trouvera seul son application. — De même, en sens inverse, s'il n'y a que des terres arch. »

Disons, tout de suite, que lorsque le Conseil dit *que les revendications contre le Domaine seront jugées par le Gouverneur général s'il s'agit de terres arch,* il entend parler de revendications fondées sur la possession, de contestations portant sur le point de savoir si, en territoire re-

connu être de propriété collective, telle ou telle
parcelle est ou non jouie par une famille, et si
elle doit aller à l'État ou à la famille. C'est, en
effet, dans ce cas, une question de possession,
une question qui rentre dans la compétence administrative de l'article 20 ; et il importe peu que
le débat s'agite entre les familles seulement, ou
entre l'État et les familles. La juridiction ordinaire reprendrait naturellement son empire s'il
s'agissait de revendications à tout autre titre, de
contestations basées sur le droit commun organique du domaine des particuliers ou de
l'État.

Cela observé, nous avons voulu rapporter l'*avis*
du Conseil en son entier, bien qu'il n'y ait
qu'une partie qui se rapporte à la question qui
nous occupe.

Comme on le voit, le Conseil pense qu'il est
dans l'esprit de la loi que le procès-verbal d'attribution individuelle soit déposé et publié conformément à l'article 13, qu'il est soumis aux
contestations des intéressés conformément aux
articles 14, 15, 16 et 18, et que les contestations
de cette nature, au lieu d'être jugées par les tribunaux sont jugées par le Gouverneur général en
Conseil du gouvernement.

99. — C'est fort bien ; et toutes ces prescriptions doivent être observées comme étant celles
de la loi ; mais, le Conseil de gouvernement a

raisonné comme si l'opération de la constitution de la propriété individuelle ne portait que sur le sol arch ; or, si à ce point de vue sa décision est complète et ne provoque aucune objection, l'objection se produit lorsqu'on se rappelle que l'opération porte aussi sur une partie des melk ; et, à cet égard, ne peut-on pas lui reprocher d'enlever à la propriété sa juridiction naturelle, la juridiction des tribunaux civils ? Ne peut-on pas lui dire que s'il donne satisfaction au principe qui veut que tout individu a le droit de réclamer contre ce qu'il croit être une atteinte à sa propriété et qu'il ne puisse être jugé sans être entendu, il a méconnu cet autre principe non moins essentiel et supérieur qui remet à la justice du droit commun le soin de statuer, selon certaines formes, sur les contestations ?

Cette objection est fort sérieuse, mais il ne faut pas oublier que la loi nouvelle est une loi d'exception faite non pas précisément pour faire respecter la propriété, mais pour la reconnaître et la créer. Oui, sans doute, les melk collectifs constituent, d'après les règles ordinaires du droit, la législation antérieure et la pratique du sénatus-consulte, une véritable propriété privée ayant droit au même respect et aux mêmes garanties que le melk individuel ; mais, le législateur de 1873 ne l'a pas ainsi pensé ; dans un intérêt politique et économique, et par une sorte de fiction légale, il a admis que les espaces où la possession est sans assiette et sans fixité entre les familles, le droit de propriété n'existe pas et qu'il faut le créer. De sorte que pour lui ces espaces sont de même nature que le sol *arch*. Il suit de là que si l'autorité administrative est compétente pour statuer sur les contestations relatives à l'allotissement des biens arch, elle est aussi compétente pour juger celles qui surgissent à propos de l'attribution de ce qu'on appelait autrefois ou qu'on pouvait appeler melk collectif.

Nous ajouterons, dans un autre ordre d'idées, que l'opération du commissaire-enquêteur étant une opération administrative portant, presque toujours, sur des faits de tradition, de mœurs et de coutumes indigènes, le Gouverneur général, en Conseil de gouvernement, est mieux placé pour juger les questions qu'elle peut soulever.

Le Conseil de gouvernement a donc eu raison de décider comme il l'a fait. Seulement, les termes dans lesquels il a formulé sa solution accusent une doctrine ou une tendance à une doctrine qui ne saurait échapper à l'attention. Le Conseil semble, en effet, admettre qu'on ne doit appliquer le chapitre II du titre II qu'en terres arch, et que l'opération prescrite par la loi nouvelle n'est autre que celle du sénatus-consulte et du titre V du décret du 23 mai 1863 qui ne visent que *les terres collectives de culture*. S'il en était ainsi, ce serait le renversement de la théorie de la loi interprétée par son rapporteur, le triomphe du système que nous avons exposé au n° 44 et la résurrection de l'ancienne distinction des biens en melk et arch ; par suite, la *propriété collective* ne s'appliquerait plus à toute surface. melk ou arch, comme dit M. Warnier, où la possession est à l'état collectif entre plusieurs familles ; elle serait, au contraire, réduite au sol de tribu ; les melk collectifs sénatus-consultés, individuellement ou en bloc, resteraient inviolables, et l'État ne saurait y faire le moindre prélèvement en vertu de l'article 3 ; quant à ceux non sénatus-consultés, ils jouiraient des priviléges de la *propriété privée*.

Sur ce point, nous sommes convaincu que le Conseil de gouvernement se trompe ; mais son erreur ne nous surprend pas. En effet, nous ignorons les détails des délibérations du Conseil, mais nous supposons volontiers qu'étonné des explications et définitions, quelquefois un peu compliquées, de M. Warnier, de la hardiesse apparente des innovations qu'il prêchait dans le but, peut-être trop accusé, de redresser les torts de l'exécution du sénatus-consulte, qu'effrayé, peut-être aussi. des difficultés que l'exécution présenterait, le Conseil se soit mis à douter du sens exact de la loi et que, dans cet état, il ait pensé que ce qu'il y avait de mieux à faire, c'était d'interpréter et d'appliquer la loi selon l'esprit, sinon selon le texte, du sénatus-consulte.

Si cette doctrine, contraire à celle de l'honorable rapporteur, prévaut définitivement dans les

Conseils de M. le Gouverneur général, nous n'en sommes, pour notre compte personnel, nullement alarmé ; car, d'une part, nous croyons peu à l'abondance des melk collectifs, ainsi que nous l'avons déjà dit au n° 73 et, d'autre part, la vacance d'une terre par suite de la non possession sera toujours une question d'exécution. Nous répétons que les terres qui adviendront à l'État, de cette origine, ne seront pas considérables.

Le domaine de la déshérence et de l'héritage sera, sans doute, moins stérile sans cependant être bien étendu. Mais l'exercice du droit de l'Etat, sur cette catégorie de biens, est indépendant de la loi nouvelle et de son application. A toute époque, l'État peut rechercher les biens qui lui appartiennent de ce chef, sauf à subir, bien entendu, les exceptions et déchéances résultant des lois antérieures.

100. — Le dossier adressé à M. le Gouverneur général civil doit être accompagné d'un *plan parcellaire* et d'un *registre terrier*. Le plan parcellaire figure l'allotissement projeté, et le registre terrier renferme la désignation et l'évaluation de chaque parcelle Le premier de ces documents est indispensable à la reconnaissance et à la précision de la terre ; le second est particulièrement fait en vue de l'établissement de la contribution foncière.

En effet, l'un et l'autre réunis constituent un véritable cadastre sommaire. Le *registre ou livre terrier* est une vieille institution française ; chaque seigneur féodal d'autrefois en avait un sur lequel il portait le dénombrement de ses vassaux et le détail des droits, cens et rentes qui lui étaient dûs. Ce sont les *livres terriers* qui, en exécution de la loi de l'an VII, ont servi de base à l'impôt foncier pendant la longue période qui s'est écoulée avant la confection des matrices cadastrales.

Les territoires dont on aura levé le plan parcellaire et fait le *livre terrier* en exécution de la loi nouvelle, pourront immédiatement recevoir la contribution foncière qui doit, dans un temps aussi rapproché que possible, remplacer les impôts arabes.

D'après notre article, l'arrêté du Gouverneur général doit être rendu dans le *délai de deux mois à partir du jour de la réception du dossier au secrétariat du Conseil de gouvernement*. Mais, il il est bien entendu que le dossier ne devra arriver qu'après le dépôt et la publication prescrits à *l'avis* du 11 juillet précité et qu'il devra comprendre les réclamations qui auront été produites par les intéressés et les conclusions définitives de l'enquêteur. C'est en cet état que le Gouverneur général examine et apprécie la régularité des opérations et la valeur des contestations. Sa décision, s'il y a eu contestation sur l'attribution, peut être attaquée, dans le délai ordinaire, devant le Conseil d'État. S'il n'y a eu aucune réclamation, ou si les réclamations sont de la nature de celles prévues à l'article 14, le recours n'est pas recevable. Les conditions du contentieux civil des articles 15 et 18, sont applicables au contentieux administratif de notre article.

Le délai de deux mois imparti à l'autorité administrative pour rendre l'arrêté d'homologation n'est que comminatoire, car s'il était rendu après ce délai, il n'en serait pas moins valable.

Cette décision sert de base à l'établissement des titres par le service des Domaines ; cet établissement a lieu comme en matière de titres provisoires (article 17).

« ARTICLE 21

« Les titres français sont enregistrés et transcrits
« aux frais des titulaires, par les soins du service
« des Domaines, dans les conditions exprimées en
« l'article 5. »

SOMMAIRE :

101. — Le droit nouveau, créé par l'article 21,

a été déjà annoncé par l'article 3 et il est aussi absolu et aussi entier que celui résultant des titres délivrés à la suite de l'opération de constatation de la propriété privée; cependant, notre article qui exige l'enregistrement et la transcription comme le fait l'article 18, ne rappelle ni les deux derniers paragraphes de ce dernier article, ni les dispositions de l'article 19; mais, cela ne peut être qu'une omission; le titre dont il s'agit est définitif. En effet, les tiers ont pu protester, ainsi qu'il a déjà été dit, conformément aux articles 15 et 18, et leurs protestations ont été jugées par le Gouverneur général en Conseil de gouvernement. Quant aux ayants cause, il doivent agir avant la transcription comme il est prescrit à l'article 19.

C'est la conséquence de l'*avis* du Conseil de gouvernement; et tout ce que nous avons dit aux n°s 92 et suivants s'applique ici.

« ARTICLE 22

« L'administration des Domaines inscrit au som-
« mier de consistance des immeubles appartenant à
« l'Etat, tous les biens déclarés vacants ou en déshé-
« rence, en vertu des articles 3 et 12, quand ils n'au-
« ront pas fait l'objet de revendication régulière dans
« le délai imparti pas l'article 15. »

SOMMAIRE :

102. — L'article 22 indique le mode et l'époque de la prise de possession par l'État, des biens devenus vacants en exécution des articles 3 et 12. Le législateur persiste, à propos de la déshérence, dans la confusion qu'il a déjà commise à l'article 3. Encore une fois, nous dirons que les immeubles qui deviennent vacants dans le cours et par suite de l'opération prescrite par cet article sont ceux qui *ne sont pas possédés*, quels que soient leur origine et leur caractère. Les biens de déshérence sont, au contraire, les biens héréditaires dont l'État est propriétaire à défaut d'héritiers se présentant pour les recueillir, ou encore qui lui appartiennent en sa qualité de dernier des acibs. Ces immeubles sont, comme on le sait, la propriété de l'État d'après les lois organiques de son domaine.

Les premiers sont déterminés et connus lorsque le procès-verbal du commissaire-enquêteur, comprenant la répartition des terres de propriété collective, a été déposé et que le délai fixé par l'article 14 est expiré sans réclamation de la nature de celle prévue à l'article 15. Le projet de répartition est ainsi devenu définitif à l'égard des tiers intéressés ; et les terres que l'enquêteur aura portées dans son procès-verbal comme vacantes par suite de non-jouissance, conformément à l'article 12, sont acquises à l'État qui en prend immédiament possession par une inscription sur ses sommiers.

Si des réclamations se produisent sur le fait de la possession, elles sont jugées par le Gouverneur général, et il est sursis à l'inscription sur les états du Domaine.

Les seconds ne sont pas spécialement régis par l'article 3. L'État les saisit dans le cours de l'une comme de l'autre opération, ou même en dehors de l'application de la loi *(suprà* n° 99).

L'article 22 ne paraissant vouloir viser que les biens de l'article 3, n'aurait donc pas dû énoncer les biens de déshérence ; mais, s'il l'a fait, c'est parce que le législateur a pensé que ces biens seraient désignés au procès-verbal du commissaire-enquêteur, en exécution de l'article 12 *(suprà* n° 77) et, qu'ainsi, ils étaient, de plein droit, acquis à l'État à l'expiration du délai de l'article 14, comme les immeubles non jouis.

Disons, en passant, que notre article apporte une nouvelle preuve en faveur de l'obligation du dépôt et de la publication du procès-verbal de répartition.

« ARTICLE 23

« La présente loi ne s'applique pas aux biens sé-
« questrés ; cependant, si le séquestre est levé sur
« tout ou partie de ces biens, des titres individuels
« sont immédiatement délivrés aux intéréssés, dans
« les formes ci-dessus prescrites. »

SOMMAIRE :

103. *Cet article était inutile ; car, tout le temps que le séquestre existe, l'application de la loi est impossible ; et le séquestre levé, les terres rentrent dans
les conditions ordinaires.*

103. — On sait qu'à la suite de l'insurrection de 1871, le séquestre collectif a été apposé sur les tribus révoltées, presque toutes kabyles. La plupart de ces tribus ont offert de se racheter du séquestre qui les frappe moyennant l'abandon d'un cinquième de leur territoire ou le paiement en argent de la valeur de ce cinquième ; l'État a accepté et il fut stipulé que le séquestre territorial sera levé dès que les tribus contractantes auront rempli leurs engagements.

Tout le temps que le séquestre existe, totalement ou partiellement, on conçoit que la loi nouvelle ne soit pas appliquée sur les immeubles qui en sont frappés, puisque ces immeubles sont domaniaux, au moins provisoirement ; l'application n'est possible qu'après la main-levée. C'est précisément ce cas que l'article 23 prévoit. Cet article était même inutile car, le séquestre levé, les terres rentrent forcément dans les conditions de celles où la loi nouvelle doit être appliquée. Seulement, notre article recommande une application immédiate.

« ARTICLE 24

« Les dépenses de toute nature, nécessitées par la
« constatation et la constitution de la propriété indi-
« viduelle indigène, sont, dans chaque département,
« à la charge du budget des centimes additionnels
« des tribus. »

SOMMAIRE :

104. *Les opérations prescrites par la loi de 1873 profitent particulièrement aux indigènes, bien qu'elles s'appliquent aussi aux immeubles occupés par les Européens dans les territoires où elles ont lieu. Il est naturel que les frais soient couverts par les centimes additionnels des tribus.*

104. — Les opérations prescrites par la loi du 26 juillet 1873 ont lieu en territoires arabes ; ce sont les indigènes qui en retirent le profit le plus immédiat, bien qu'elles s'appliquent aussi aux rares immeubles occupés par les Européens dans ces territoires ; il est donc naturel et équitable que les dépenses qu'elles nécessitent soient couvertes par les centimes additionnels des communes indigènes.

TITRE III

Dispositions transitoires

« ARTICLE 25

« A partir de la promulgation de la présente loi, et
« jusqu'à la délivrance des titres provisoires énoncés
« à l'article 17, toute transmission d'immeubles in-
« digènes à des européens devra être signifiée à l'ad-
« ministration des Domaines, en vue de l'obtention
« ultérieure d'un titre français, après l'accomplisse-
« ment des formalités suivantes. »

SOMMAIRE :

105. *Importance et utilité du titre III dont les dispositions
s'appliquent à tout le sol arabe de l'Algérie.*

106. *Le système de la loi nouvelle a un défaut : c'est de créer un luxe de formalités qui a le double inconvénient d'augmenter inutilement les frais de publicité et de distraire les magistrats du parquet de leurs occupations ordinaires en engageant exceptionnellement leur responsabilité.*

107. *La purge extraordinaire résultant du titre III est facultative pour l'acquéreur. S'il ne l'a fait pas, il reste dans les conditions du droit commun.*

108. *Il n'y a que les acquéreurs européens qui ont la faculté de recourir à la purge extraordinaire de notre article. Elle est interdite aux acquéreurs indigènes et même aux européens ayant acquis d'européens. Cette interdiction est fâcheuse et sans motifs. L'intérêt général exigeait qu'il en fut autrement. La loi doit être modifiée sur ce point.*

109. *Le titre III s'applique à tout le sol de l'Algérie non régi par la loi française, melk ou arch, propriété privée ou collective et quelle que soit la date des contrats, qu'ils soient antérieurs ou postérieurs à la loi.*

110. *Le titre III est aussi applicable aux acquéreurs européens de terres indigènes faisant partie des territoires cantonnés, ou sur lesquels l'ordonnance du 21 juillet 1846 a été appliquée, ainsi qu'à ceux prévus au paragraphe 2, de l'article 2.*

111. *Bien que la loi vise plus particulièrement les transmissions par actes notariés, il est certain que le titre III s'applique aussi aux transmissions par actes sous-seings privés, administratifs ou résultant de jugements.*

112. *Le créancier porteur d'un acte hypothécaire et tout acquéreur de tous droits réels ont-ils la faculté de faire la purge du titre III ? Non.*

105. — « La reconnaissance et la constitution de la propriété individuelle, dit M. Warnier dans son rapport, sur une superficie aussi considérable

que celle de l'Algérie, exigeront de nombreuses
années avant leur achèvement complet. Il y a
donc nécessité, pour ne pas entraver la transmission de la propriété, dans les parties de l'Algérie où la loi n'aura pas encore été appliquée, de
pourvoir, par des *dispositions transitoires*, à la
règlementation des mutations qui pourront se produire. Tel est l'objet du titre III, du projet de la
Commission; (titre IV du projet du Gouvernement. »

Précisément parce que le *provisoire* doit durer
longtemps, le titre III a une importance particulière et une utilité actuelle. Cette importance et
cette utilité sont d'autant plus grandes que les
dispositions transitoires ne sont pas limitées à tels
ou tels territoires, mais reçoivent immédiatement
leur application dans toute l'Algérie ; à ce point
de vue, elles constituent, peut-être, pour le moment, la partie capitale de la loi. En effet, s'il importe à l'Algérie d'avoir une constitution du droit
de propriété parfaitement établie, c'est tout à la
fois dans l'intérêt de la régularité des institutions
générales de la colonie, de l'établissement éventuel de l'impôt foncier qui est l'impôt normal de
tout pays où la propriété a atteint un certain degré de fixité et de production, du crédit de la
terre, de la sécurité des transactions immobilières
et de l'extension de la colonisation européenne ;
mais de tous ces avantages, celui que nous recher-
chons, que nous percevons et que nous sentons

16

le plus vivement parce qu'il est plus près de nous, c'est le dernier, c'est celui qui résulte de la sécurité des transactions terriennes et de la facilité actuelle d'acquérir pour les Européens. Or, cet avantage est assuré par le titre III.

Depuis longtemps, et en même temps que l'on étudiait les conditions d'une constitution de la propriété arabe, on recherchait avec non moins d'ardeur les éléments d'une loi transitoire; nous dirons même que les efforts étaient surtout dirigés sur ce point. Plusieurs projets ont même été publiés à une certaine époque; nous nous rappelons en avoir lu un, fort bien ordonné, de M. Robinet de Cléry, fils; nous-même, nous en avons proposé un autre dont la disposition essentielle était ainsi conçue :

« Tous les actes passés devant les cadis ou devant les notaires, et portant sur des droits immobiliers où la loi française n'est pas applicable et au profit d'européens ou d'indigènes, seront enregistrés au droit fixe; ils énonceront les limites et les contenances approximatives de l'immeuble, objet du contrat, limites et contenances qui seront certifiées par le cadi et les adels eux-mêmes; ils seront transcrits en entier (à frais réduits) sur un registre spécial tenu au chef-lieu du cercle par le préposé de l'Enregistrement de la localité : à partir de l'accomplissement de cette formalité, ils resteront affichés par extrait pendant trois mois à la Mehakma de la tribu et publiés par le *Dellal*.

Les tiers qui auraient à revendiquer sur l'immeuble porté au contrat des droits réels, opposés à ceux transmis, devront faire opposition aux mains du cadi ou du préposé de l'Enregistrement dans ledit délai de trois mois, et faire ensuite statuer dans les formes légales sur le mérite de cette opposition ; s'il ne survient pas d'opposition, le contrat devient définitif et inattaquable. »

106. — Le système de la loi nouvelle n'est pas le nôtre ; néanmoins nous constatons qu'il répond à tous les besoins : mais il a un défaut : il est trop compliqué et il prescrit un luxe de formalités qui a le double inconvénient d'augmenter les frais de publicité dans des proportions inutiles et de distraire les magistrats du Parquet de leurs travaux ordinaires en engageant exceptionnellement leur responsabilité.

En effet l'acte translatif de propriété doit d'abord être signifié à l'administration des Domaines ; il doit ensuite être inséré en extrait, deux fois au moins, à un mois d'intervalle, en français et en arabe, dans le *Mobacher* et dans l'un des journaux de l'arrondissement, ou à défaut, du département où se trouvent situés les biens acquis. Pareil extrait en français et en arabe doit être transmis au Procureur de la République de l'arrondissement, lequel en fait opérer le dépôt dans les conditions de l'article 13, c'est-à-dire entre les mains du juge de paix, à défaut du juge de paix, du maire ou de l'administrateur français de la circonscription ; et encore entre les mains du président de la djemmâa ou de l'adjoint indigène et, à défaut, du président de djemmâa et d'adjoint indigène, entre les mains du cadi. Les mêmes magistrats du Parquet devront enfin faire publier tous ces dépôts conformément à l'article 8.

Ce n'est pas tout : si dans le délai de trois mois, à partir de la publication prescrite par cet article, des réclamations sont formulées entre les mains des dépositaires des extraits, avis de ces réclamations est donné au Procureur de la République qui doit en donner connaissance aux parties intéressées ; si aucune réclamation ne survient dans le délai fixé, le Procureur de la République délivre un certificat négatif sur papier libre.

Pourquoi tout ce formalisme coûteux pour ne pas dire ruineux ? Un avertissement complet et bien ordonné dans la tribu aurait eu, à notre avis, plus d'efficacité que la multiplicité des dépôts, et la publicité des journaux que les Arabes ne lisent pas et ne peuvent pas lire. Pourquoi cette intervention réitérée du Parquet dans des cas où leur rôle paraît n'être qu'une affaire de transmission ? Cette besogne qui ne fera que s'accroître ne rentre pas dans les attributions naturelles des magistrats de cette institution ; ce sont là des détails purement administratifs et qui ne tiennent en rien aux choses de la justice. Nous savons bien que le code civil et le code de procédure font aussi appel à la vigilance des parquets en matière d'hypothèques légales et de certaines assignations ; mais c'est là une intervention isolée et tout à fait accidentelle pour des actes qui ont un caractère judiciaire.

Et puis, la loi n'expose-t-elle pas la magistrature à une responsabilité civile inconciliable avec son caractère ?

Néanmoins, la loi est ainsi faite ; et tout le temps qu'elle n'aura pas reçu la modification désirable, il faut l'exécuter.

107. — Les formalités édictées par le titre III constituent une purge extraordinaire, particulière dans l'intérêt de l'acquéreur, et que celui-ci a la faculté d'accomplir ou de ne pas accomplir (arr. du 15 mai 1875. Jurisp. de la Cour. 1875, p. 90) ; s'il les accomplit, il libère l'immeuble, consolide le droit sur sa tête et obtient un titre administratif inattaquable, opposable aux tiers dans les conditions de l'article 30. S'il les néglige, il reste dans le droit commun exposé aux actions en revendication, et ne bénéficiant que des effets ordinaires de la transcription de la loi du 23 mars 1855, et de la purge des hypothèques telle qu'elle est réglée par le Code civil.

108. — Notre article, en autorisant la purge extraordinaire pour les *transmissions d'immeubles*

indigènes à des Européens, l'interdit virtuellement pour les ventes d'indigènes à indigènes. Cette· interdiction est fâcheuse et nous n'en voyons pas les motifs. Si, comme nous le disions, il n'y a qu'un instant, il importe à l'intérêt général de la Colonie que la propriété soit assise, il n'y a pas à distinguer entre les diverses catégories de propriétaires reconnus par la loi ; il est bon que la terre aux mains d'un Arabe ait autant de garanties que celle aux mains d'un Israélite, d'un Espagnol ou d'un Français ; elle doit, en principe, jouir d'une égale protection, d'autant plus que l'indigène destiné à vendre à l'européen vendra plus facilement et avec plus d'autorité un immeuble qui aura déjà été purifié par une opération antérieure. Le législateur n'a, sans doute, pas vu ce côté de la situation. Il ne s'est pas davantage aperçu d'une autre chose : c'est que si les ventes au profit d'indigènes jouissaient de la faculté de consolider la terre aux mains des acquéreurs, l'exécution du titre II se simplifierait considérablement. En effet, que l'on fasse participer les contrats indigènes au bénéfice du titre III, en réduisant bien entendu, comme nous le demandons, les formalités à remplir ; et, dans quelques années, on reconnaîtra que le labeur des commissaires-enquêteurs aura sérieusement diminué ; sur les surfaces où le droit aura été constitué de cette sorte, les opérations administratives ne seront plus, pour ainsi dire, qu'un travail de recensement ; les difficultés et les contestations ne pourront plus renaître; on se trouvera en présence d'un titre définitif qu'il s'agira seulement de relever.

On aurait même pu aller plus loin : on aurait pu autoriser l'application du titre III dans les ventes d'immeubles indigènes (et tous les immeubles de l'Algérie ont une origine indigène, à l'exception peut-être des biens d'origine beylick) consentis par des européens à des européens, pour le cas où l'acquéreur voudrait purger contre les tiers indigènes prétendant un droit réel quelconque. Il y a encore aujourd'hui, dans certaines contrées, de nombreux européens acquéreurs, d'indigènes ou d'européens, exposés à des actions réelles occultes de toutes sortes contre lesquelles ils ne sont pas garantis par la transcription ordinaire; jusqu'à ce qu'ils aient prescrit ils peuvent être inquiétés. Ces acquéreurs peuvent vendre à d'autres européens qui sont exposés au même danger. Pourquoi ne pas avoir permis à ceux-ci d'user de la faculté du titre III pour se mettre en sûreté? Pourquoi même ne pas avoir autorisé par une disposition générale, tous les possesseurs, quelle que soit la nationalité de leurs vendeurs, et la date de leur titres d'acquisition. à remplir, à leur convenance, les formalités dont il s'agit pour arriver à se soustraire aux évictions éventuelles dont ils peuvent être menacés de la part d'indigènes? Pour notre compte personnel, nous nous étonnons qu'on n'ait pas ainsi fait; on aurait dû élargir le cercle d'application du titre III au lieu de le restreindre sans raisons apparentes.

Si jamais le législateur revenait sur son œuvre pour la modifier, nous sommes convaincu qu'il commencerait par réformer l'article 25 dans la partie que nous signalons.

109. — Ainsi, en l'état de la loi, le titre III s'applique, en principe, à tout le sol de l'Algérie *non encore régi par la loi française*, mais seulement pour la transmission d'immeubles indigènes à des Européens, quel que soit le caractère de la terre, melk ou arch, propriété privée ou collective (n° 62) et quelle que soit la date de la transmission, qu'elle soit antérieure ou postérieure à la loi. Il est vrai, sur ce dernier point, que l'article 25 semble borner cette faculté aux contrats intervenus *à partir de la promulgation de la présente loi*. Mais cette limitation n'est relative qu'à l'époque à partir de laquelle les formalités du titre III peuvent être accomplies, soit la date de la promulgation de la loi, et nullement à l'époque où les contrats ont été passés.

La formule dont se sert le législateur est une formule de rédaction qu'il emploie habituellement et d'une manière énonciative pour fixer le point de départ de la mise à exécution d'une disposition qu'il édicte, qu'il a employée spécialement à l'article 2 de la loi, et qui, dans le cas qui nous occupe, équivaut à celle-ci : « à partir de...

les transmissions d'immeubles indigènes à des Européens, devront être signifiés.... etc. » Mais cette formule ne veut pas dire qu'il n'y aura que les transmissions postérieures à la loi qui pourront être purgées. Et, pourquoi le législateur aurait-il. fait cette exclusion ou limitation ? Est-ce que ceux qui ont acquis avant 1873 ne sont pas aussi intéressants que ceux qui ont acquis après ? S'il est utile de consolider le contrat des uns, n'est-il pas aussi utile de consolider le contrat des autres ? Est-ce que la loi du 23 mars 1855 n'a pas, elle aussi, autorisé et même prescrit la transcription des actes antérieurs à son avènement ?

Disons donc que tous les Européens acquéreurs d'immeubles indigènes qui ont à redouter quelque éviction, ont la faculté de remplir les formalités de purge extraordinaires autorisées par la loi.

110. — Nous avons dit (n° 90) que le titre III est encore et en outre applicable aux acquéreurs (s'ils sont Européens, bien entendu) de terres indigènes faisant partie des territoires cantonnés et de ceux sur lesquels l'ordonnance du 21 juillet 1846 a reçu son exécution, ainsi qu'à ceux prévus au paragraphe 2 de l'article 2 (n° 22), bien que ces terres soient soumises au régime de la loi française, par le fait de la loi nouvelle et du contrat. Il y a, en effet, intérêt pour ces Européens à purger ces terres des revendications dont elles pourraient être menacées.

111. — D'après les termes de l'article 30, il semble que le titre III ne doit bénéficier qu'aux acquéreurs par acte notarié ; néanmoins, il est hors de doute que tous autres actes, actes administratifs, sous-seings privés ou jugements, jouissent du même avantage ; si la loi désigne nommément l'acte notarié, c'est que pour le législateur la forme notariée est celle qui se présentera le plus souvent.

112. — De même, l'article 25 n'indique que les actes de *transmissions immobilières*, ce qui, dans le langage juridique, s'applique ordinairement et exclusivement aux actes de ventes ; est-ce à dire que la purge des *dispositions transitoires* n'est permise qu'aux acquéreurs proprement dits ? Les cessionnaires de droits réels, tels que créanciers hypothécaires, usufruitiers, antichrésistes, locataires, acquéreurs de servitudes, d'usage, d'habitation, etc. ne peuvent-ils revendiquer la faculté de l'opérer ? Ce qui est certain, c'est que le texte de tous les articles qui suivent l'article 25 ne dispose expressément que pour les acquéreurs immobiliers ; il n'y est question que de *contrats de vente, vente notariée, prix de vente, acquéreurs, vendeurs, résiliation de vente ;* de sorte qu'il n'est guère possible d'y comprendre les actes hypothécaires, et tous autres actes ne contenant transmission que d'un démembrement de la propriété ou

de la jouissance ; et, nous devons d'autant plus le
décider ainsi que le titre français en vue de l'obtention duquel les formalités édictées sont accomplies et que l'administration des Domaines délivre
aux termes de l'article 30, est bien un titre de vente.
Il eût peut-être été utile que le cessionnaire de droits
de jouissance, d'antichrèse, de servitude, d'usufruit, d'hypothèques, pût aussi affermir son contrat
contre tout trouble éventuel ; cela eût même été
profitable à la terre ; mais, tout en regrettant
qu'il n'en soit pas ainsi, on ne peut cependant en
blâmer le législateur. En effet, le titre III contient une disposition exceptionnelle, exorbitante
du droit commun, que le législateur peut bien
édicter pour garantir et asseoir le droit de propriété proprement dit, mais qu'il n'a aucune raison d'étendre aux cessionnaires de tous autres
droits réels ; le maintien des contrats de ceux-ci
pourrait provoquer de nombreuses contestations,
et la colonisation n'y est intéressée que d'une
manière très éloignée.

Au reste, la pensée de la loi est formellement
exprimée dans le passage suivant du rapport :

« Le but de ces articles (articles 25 et suivants),
« ainsi qu'il a été dit ci-dessus, est de conserver à
« la propriété possédée privativement le droit de
« libre transmission qui lui est conféré par l'article
« 6 du sénatus-consulte du 22 avril 1863, mais en
« donnant aux acquéreurs toutes les garanties
« nécessaires.

« Un des membres de la Commission aurait
« désiré qu'on pût introduire dans la loi nouvelle
« une disposition autorisant l'hypothèque dans
« les mêmes conditions et avec les mêmes ga-
« ranties que la vente, afin que si des années
« calamiteuses, comme celle de 1867-1868 se
« reproduisaient, les indigènes ne fussent pas à
« nouveau exposés à périr. Sans pouvoir affecter
« leurs propriétés à la garantie d'un emprunt.
« Votre Commission, Messieurs, a apprécié la
« valeur de cette proposition généreuse, mais
« elle l'a reconnu impraticable, car il serait à
« craindre que, sous prétexte de besoin et sans
« intention d'hypothéquer, beaucoup d'indigènes
« de tous les points de l'Algérie, n'introduisent
« des demandes de constatation de leurs droits,
« ce qui amènerait une véritable anarchie dans
« l'exécution de la loi.

« Si, par malheur, un fléau inattendu venait à
« frapper l'indigénat dans les mêmes conditions
« qu'en 1867 et en 1868, une disposition législa-
« tive transitoire pourrait aviser au moyen de
« conjurer le mal. »

« ARTICLE 26

« Indépendamment de la transcription à laquelle
« il est soumis par la loi du 23 mars 1855 et, s'il y a

« lieu, des purges prévues et ordonnées par le code
« civil, tout tiers détenteur ou nouveau possesseur
« fera insérer, à ses frais, deux fois au moins et à un
« mois d'intervalle, extrait de son contrat en fran-
« çais et en arabe dans le *Mobacher* et dans l'un des
« journaux de l'arrondissement ou, à défaut, du dé-
« partement où se trouveront situés les biens acquis.

« L'acquéreur transmettra un pareil extrait au Pro-
« cureur de la République dudit arrondissment, le-
« quel en fera opérer le dépôt, comme il est dit en
« l'article 13, dans les mêmes conditions de publicité
« et aux mêmes fins. »

ARTICLE 27

« Dans le délai de trois mois, à partir de l'avis pu-
« blic du dépôt, toute personne ayant à revendiquer
« tout ou partie de la propriété vendue, ayant, d'après
« le droit musulman, un droit réel sur l'immeuble,
« ou prétendant l'un des droits énoncés en l'article
« 2 de la loi du 23 mars 1855, tout vendeur ou acqué-
« reur à réméré sera tenu de former sa réclamation
« entre les mains de l'un des dépositaires de l'extrait
« du contrat de vente, lequel inscrira cette réclama-
« tion, à la date même où elle sera faite, sur le re-
« gistre à ce destiné. »

SOMMAIRE :

113. *Caractère de la purge spéciale du titre III. Contre
qui est-elle faite? C'est l'article 27 qui répond à
la question. La purge est faite contre tous ceux*

qui prétendent des droits de propriété ou de jouis-
sance d'une certaine nature sur l'immeuble, tiers
ou ayant cause, soit d'après la loi française, soit
d'après la loi musulmane.

114. *Les créanciers hypothécaires et privilégiés ne sont*
pas compris dans l'énumération des personnes qui
sont tenues de faire valoir leurs droits, confor-
mément à l'article 27 ; ils restent soumis au droit
commun ; et l'acquéreur doit, à leur égard, s'il y
a lieu, faire la purge prévue par le code civil.

115. *Résumé des formalités prescrites pour faire courir le*
délai de réclamation.

113. — Nous avons dit (n° 107) que les formalités du titre III avaient pour but et pour résultat
la délivrance d'un titre français définitif et opposable aux tiers. Mais quels sont ces tiers ? contre
qui la purge dont il s'agit est-elle faite ? C'est
l'article 27 qui répond à ces questions : *Dans le*
délai de trois mois, dit cet article, *à partir de*
l'avis public du dépôt, toute personne ayant à re-
vendiquer tout ou partie de la propriété vendue,
ayant, d'après le droit musulman, un droit réel
sur l'immeuble ; — ou prétendant l'un des droits
énoncés en l'article 2 de la loi du 23 mars 1855,
tout vendeur ou acquéreur à réméré sera tenu de
former sa réclamation entre les mains de l'un des
dépositaires de l'extrait de vente.

Par conséquent la purge est dirigée contre
tout individu indigène ou européen cessionnaire
d'un indigène : 1° prétendant être propriétaire en
tout ou en partie de l'immeuble vendu, à quelque

titre que ce soit, soit d'après la loi française, soit d'après la loi musulmane, actuellement ou par action résolutoire à exercer ; 2° prétendant sur l'immeuble des droits réels résultant de la loi musulmane, tels que cheffaa, tenia, etc. (*suprà* n°s 5 et suivants).

Si le bien vendu est grevé de habbous, la vente par le bénéficiaire anéantit tous les droits éventuels de l'héritier tant sur la chose que sur le prix ; si c'est l'héritier qui a vendu au préjudice du bénéficiaire, celui-ci peut faire opposition et empêcher la validité du contrat (*suprà* n° 91bis) ; 3° ayant d'après la législation française, à revendiquer l'un des droits énoncés à l'article 2 de la loi du 23 mars 1855 et qui sont : l'antichrèse, la servitude, le bail de plus de dix-huit années, etc. ; 4° qui a vendu ou acheté à réméré ; ceci s'applique particulièrement au contrat du Code civil, puisque la vente à réméré proprement dite est inconnue chez les musulmans ; ce vendeur ou acheteur rentre donc dans la catégorie du n° 1.

En un mot, la purge du titre III est faite contre tous ceux, indigènes ou européens, tiers ou ayants cause du vendeur qui ont à revendiquer des droits de propriété ou de jouissance d'une certaine nature, soit d'après la loi française, soit d'après la loi musulmane.

Bien que la loi englobe dans une formule générale les *tiers et ayants cause*, cependant en fait il existe une différence entre eux dans l'opération dont il s'agit.

En effet, l'acquéreur doit préalablement à toute formalité, faire transcrire son contrat, conformément à la loi de 1855 ; or, cette transcription a pour effet de purger l'immeuble de tous droits de propriété ou de jouissance établis par le vendeur conformément à la loi française et dont les actes constitutifs soumis à la transcription légale n'auraient pas reçu cette formalité. Pour cette catégorie de revendiquants la purge spéciale est inutile ; par le fait de la transcription du contrat de l'acquéreur, leurs propres contrats sont non avenus à l'égard de ce dernier et ils ne sauraient, au moyen d'une opposition qu'ils feraient dans le délai de l'article 27, se faire restituer contre cette déchéance ; leur opposition serait non recevable. Quant aux droits de propriété ou de jouissance, procédant toujours du vendeur, exclusivement constitués selon la loi musulmane, les bénéficiaires indigènes ne sont pas soumis aux conséquences de l'application de la loi de 1855, ainsi que nous l'avons vu sous l'article 1er ; la purge spéciale est donc nécessaire pour les évincer.

Il en est de même des tiers étrangers au vendeur, prétendant des droits de propriété ou de jouissance de leur chef, *proprio jure*, résultant soit de la loi musulmane, soit de la loi française. C'est surtout à ceux-ci que le titre III s'adresse.

Il est bien entendu que si tous ces prétendants droit s'étaient déjà révélés par une transcription antérieure de leurs contrats, ils ne seraient pas tenus de présenter les réclamations prescrites par l'article 27; cette transcription qui aurait eu pour effet de prévenir l'acquéreur, tiendrait au moins lieu de réclamation.

Telle est l'économie de la loi et son sens vrai : si ces distinctions ne sont pas clairement énoncées dans le texte, c'est toujours par suite de l'obscurité qui règne dans les idées du législateur sur le caractère de la transcription de la loi de 1855.

114. — Les créanciers hypothécaires et privilégiés ne sont pas compris dans l'énonciation des personnes qui sont tenues de faire valoir leurs droits conformément à l'article 27 ; leur situation, résultant du droit commun, continue à être régie par le droit commun et spécialement par les articles 6 et suivants de la loi du 23 mars 1855. L'acquéreur devra donc faire en outre, s'il existe des inscriptions d'hypothèques ou de priviléges, les *purges prévues et ordonnées par le Code.*

115. — En résumé, l'accomplissement des formalités de purge spéciale, pour faire courir le délai de réclamation, comporte : 1° la transcription du contrat de vente par l'acquéreur; 2° deux extraits du contrat en français et en arabe avec indication de domicile; 3° deux publications de l'un de ces extraits au journal de l'arrondissement et au *Mobacher*; 4° envoi de l'autre extrait au Procureur de la République de l'arrondissement;

5° dépôt de cet extrait par ce magistrat aux mains du juge de paix, ou du maire, ou de l'administrateur français de la circonscription ; 6° dépôt de la traduction arabe de cet extrait aux mains du président de la djemmâa, ou de l'adjoint indigène, ou du cadi ; 7° publication de ces divers dépôts, conformément à l'article 8.

Les formalités accomplies à partir du dépôt fait au Parquet, sont à la diligence et sous la surveillance du Procureur de la République.

Il est à craindre que la longueur et le taux élevé de cette procédure compliquée ne fassent reculer l'européen au moment où il sera sur le point d'acquérir, surtout lorsqu'il s'agira de valeurs foncières peu importantes.

« ARTICLE 28

« Avis de la réclamation est donnée, sans délai,
« au Procureur de la République, qui le porte à la
« connaissance des parties intéressées, au domicile
« indiqué dans l'extrait publié. »

« ARTICLE 29

« Dans le cas où les droits révélés, ainsi qu'il vient

« d'être dit, affecteraient, non le prix, mais les con-
« ditions mêmes du contrat, et où ils seraient re-
« connus fondés par le vendeur, l'acquéreur aura la
« faculté, soit de persister dans son acquisition, en
« demeurant soumis aux charges et conditions qui
« se sont manifestées, soit d'y renoncer sauf son re-
« cours contre le vendeur pour les frais et loyaux
« coûts exposés et tous dommages-intérêts s'il y a
« lieu.

_ « Si, au contraire, les droits qui se sont révélés
« sont contestés par le vendeur, celui-ci sera tenu
« d'introduire, dans le délai d'un mois, l'instance
« destinée à en purger l'immeuble, à peine de rési-
« liation de la vente, le tout à ses risques et
« périls. »

SOMMAIRE :

116. *Avis des réclamations doit être donné aux parties intéressées, sans délai, par le Procureur de la République. Ce magistrat doit, à l'expiration du délai, vérifier le registre* ad hoc *des dépositaires pour connaitre les réclamations qui se seront produites.*

117. *Les réclamations peuvent ne porter que sur le prix, comme lorsqu'elles émanent des créanciers du vendeur. Dans ce cas, l'acquéreur paie son prix, conformément au droit commun.*

118. *Si les réclamations affectent le contrat et ses conditions, l'acquéreur qui n'est pas obligé personnellement aux charges nouvelles peut maintenir son contrat ou y renoncer. Quid dans l'un et l'autre cas ?*

119. *Le système de la loi nouvelle diffère de celui du code civil, articles 1616 et suivants, 1636 et 1638 Le vendeur n'a pas l'option accordée à l'acquéreur.*

120. *L'acquéreur n'est pas obligé de faire la purge spéciale dans un délai déterminé. S'il opte pour la résiliation après la prise de possession, il fait les fruits siens.*

121. *Si l'acquéreur suspecte la sincérité de la reconnaissance du vendeur, il a le droit de contester directement les réclamations.*

122. *Dans le cas où le vendeur conteste la légitimité des réclamations, il doit saisir les tribunaux français dans le délai d'un mois, à partir du jour où il a été avisé par le Parquet, et ce à peine de résiliation de la vente Cette résiliation est néanmoins facultative pour l'acquéreur qui peut lui-même agir en justice en exerçant les droits de son vendeur. Le délai est de rigueur. Actes introdoctifs d'instance.*

116. — Les réclamations sont faites entre les mains de l'un des dépositaires de l'extrait du contrat de vente, lequel les inscrit à leur date sur un registre *ad hoc*. Le Procureur de la République doit, *sans délai*, porter les réclamations à la connaissance des parties intéressées (vendeur et acquéreur) au domicile indiqué dans l'extrait publié.

Le Procureur de la République de l'arondissement n'est pas toujours dépositaire de l'extrait; de sorte qu'il arrivera que les réclamations ne seront pas faites à son parquet; comme c'est lui qui est chargé de prévenir *sans délai* les intéressés, il doit donc surveiller ce qui se passe et vérifier le registre spécial de chaque dépositaire à l'expiration du délai de trois mois pour connaître les réclamations qui se seront produites.

117. — Si les réclamations ne portent que sur le prix de vente, comme lorsqu'elles émanent des créanciers du vendeur, l'acquéreur n'aura qu'à payer son prix conformément au droit commun, c'est-à-dire sur un ordre judiciaire ou amiable après l'accomplissement des formalités de purges ordinaires, s'il s'agit de créanciers hypothécaires ; et sur une contribution judiciaire ou amiable s'il s'agit de chirographaires ou encore par voie de délégation ou de validité d'opposition selon les circonstances. Quoi qu'il en soit, et dans tous les cas, le contrat de vente devient incommutable à la charge de payer valablement le prix.

118. — Si les réclamations affectent le contrat, portent sur les droits immobiliers cédés, deux hypothèses peuvent se présenter : ou le vendeur avisé par le Procureur de la République admet la contestation ou il ne l'admet pas.

Dans le premier cas, l'acquéreur a la faculté de persister dans son acquisition, ou d'y renoncer. S'il maintient la vente, il demeure soumis aux charges et conditions qui se sont révélées ; ainsi il subira le ténia, l'antichrèse, le risque du cheffâa, la servitude, la distraction d'une parcelle, le changement de limites, ou tout autre revendication formulée dans la réclamation et acceptée comme bien fondée par le vendeur. Néanmoins comme les charges nouvelles n'ont pas été imposées à l'acquéreur par le contrat, il peut, tout en maintenant les accords, recourir contre son vendeur et obtenir une diminution proportionnelle du prix selon l'esprit de l'article 1637 (C. civ.), sans dommages-intérêts.

S'il y a renonciation, le contrat est résilié et l'acquéreur, qui est censé n'avoir jamais été propriétaire, a le droit de répéter les frais et loyaux coûts exposés, et de demander des dommages-intérêts proportionnés au préjudice éprouvé.

L'acquéreur ne peut user de la *faculté de payer ou de délaisser*, qu'autant qu'il n'est pas personnellement obligé aux charges révélées : car, si ces charges étaient prévues dans le contrat et formaient une condition de la vente, il est bien certain que l'acquéreur devrait les supporter ; les bénéficiaires n'auraient même pas besoin de réclamer auprès des dépositaires, puisqu'ils ont une action directe et personnelle du moment où ils acceptent la stipulation faite à leur profit. C'est là un principe de notre droit civil.

119. — D'après les articles 1616 et suivants, 1636 et 1638 du Code civil, l'acquéreur, alors que les énonciations de son contrat se trouvent modifiées par la révélation de charges ou de réclamations inattendues, n'a pas toujours la liberté de résilier ; il ne le peut que dans certaines circonstances et à certaines conditions ; c'est, qu'en effet, dans les cas du Code civil, la vente est com-

plète par le fait seul de la convention ; elle a même reçu son exécution lorsque les revendications apparaissent. Dans les cas, au contraire, de la loi du 26 juillet 1873, les choses sont, le plus souvent, encore entières. La sincérité des affirmations du vendeur constitue une condition essentielle de la vente, de la validité du contrat ; il s'agit d'une matière essentiellement arabe, où l'état des personnes et des terres est rarement fixé, où les titres obscurs et suspects n'offrent aucune garantie ; le législateur présume, *à priori*, que si l'acquéreur avait connu les modifications qui surviennent dans les conditions de son contrat, à la suite de l'enquête publique à laquelle il a été, en quelque sorte, procédé, il n'aurait pas traité, il ne se serait pas engagé ; donc, cet acquéreur doit avoir la faculté de renoncer à son acte, de le résilier, tout en ayant celle d'y persister.

Le vendeur ne saurait avoir l'option conférée à l'acquéreur ; il ne lui appartient pas de profiter des charges nouvelles qui se révèlent et qu'il a eu le tort de ne pas connaître, et de déclarer pour briser ses engagements.

120. — Puisque l'acquéreur n'est pas obligé de faire la purge spéciale, il n'est pas, à plus forte raison, obligé de la faire dans un délai déterminé ; il la fait quand il le veut, lorsqu'il le juge utile à ses intérêts, avant ou après la prise de possession, ainsi, du reste, que nous l'avons déjà implicitement

dit. Dans le cas d'une option pour la résiliation de la vente, après la prise de possession, il fait les fruits siens, car il est de bonne foi ; seulement les conservation des fruits doit être prise en considération dans le règlement des dommages-intérêts.

121. — Bien que la loi pose comme règle de décision la reconnaissance par le vendeur du bien fondé des réclamations, cependant l'acquéreur, s'il a des raisons pour en suspecter la sincérité, a le droit de la discuter et de contester directement les réclamations ; dans ce cas il s'expose, (mais il ne s'expose qu'à cela) à payer les frais d'une procédure téméraire.

122. — Dans le cas où le vendeur conteste la légitimité des réclamations, il est tenu de se pourvoir en justice dans le délai d'un mois pour les faire rejeter. Le délai court du jour où il a été avisé par le parquet conformément à l'article 28 ; cette date doit être exactement constatée par un récépissé régulier de l'avis. Les mots *à peine de résiliation de la vente,* signifient que le délai est de rigueur, en ce sens que si l'instance n'est pas commencée dans le mois, c'est-à-dire le dernier jour au moins du mois (le *dies a quo* ne comptant pas), le contrat est annulé.

Mais cette résiliation n'est que facultative pour l'acquéreur ; en effet, de même qu'il ne peut dépendre du vendeur de chercher à briser le con-

trat par une reconnaissance frauduleuse des réclamations produites, de même il ne saurait lui être
permis d'arriver au même résultat en s'abstenant
de poursuivre l'annulation de prétentions qu'il déclare mal fondées ; aussi, s'il néglige l'action en
justice, l'acquéreur peut renoncer momentanément
au bénéfice de la résiliation et faire ce que son
vendeur ne fait pas, en se substituant à ses droits,
conformément à l'article 1166 du Code civil ; il
peut même intervenir en son nom personnel dans
l'instance engagée par ce dernier, relever appel
et se pourvoir en cassation.

Il est bien entendu que les frais de cette instance sont à la charge du vendeur. et que les tribunaux seuls, par application de l'article 18, sont
seuls compétents pour en connaître.

L'introduction de l'instance ne peut résulter
que d'une assignation devant le tribunal ou d'une
citation en concilation (*suyrà* n° 85) ; si on agit
contre l'État, le mémoire préalable est considéré
comme le premier acte de l'instance.

« ARTICLE 30

« Si aucune réclamation ou revendication ne s'est
« produite dans le délai prescrit à l'article 27, les
« réclamations ou revendications ultérieures n'ou-
« vriront plus au prétendant droit qu'une action sur

« le prix, s'il n'a pas été payé ; et s'il a été payé,
« qu'une action directe et personnelle contre le ven-
« deur.

« Dans ce cas, le Procureur de la Republique déli-
« vrera à l'acquéreur, sur sa demande, un certificat
« négatif sur papier libre.

« Au vu de ce certificat, le service des Domaines
« délivrera le titre français, lequel enregistré par
« duplicata et mentionné en marge de la transcrip-
« tion de l'acte de vente notarié, formera le point de
« départ unique de la propriété, à l'exclusion de
« tous droits antérieurs.

« Le contrat de vente notarié demeurera annexé au
« titre français. »

SOMMAIRE :

123. *Si aucune réclamation n'est produite à l'expiration
du délai, le contrat de vente reçoit sa pleine exécution ; seulement si le prix n'est pas encore payé, i
est attribué aux réclamations tardives, si elles
sont fondées. Règles d'après lesquelles l'attribution
du prix est faite aux réclamants. Les réclamations
tardives, même quand elles sont faites aux mains
des dépositaires, doivent être dénoncées à l'acquéreur.*

124. *Si le prix est payé, il ne reste aux réclamants que
l'action personnelle. Cette action peut même être
exercée lorsque le prix n'est pas payé.*

125. *Que le prix ait été payé ou non, du moment où aucune réclamation n'est faite dans le délai, le droit
à la délivrance du titre nouveau est acquis à l'acquéreur. Conditions de la délivrance de ce titre. Il
crée un droit nouveau comme ceux dits articles
18 et 21.*

123. — Si aucune réclamation n'est produite à l'expiration du délai fixé par l'article 27, l'immeuble est libéré de toutes les charges qui auraient pu le grever si elles s'étaient révélées, soit d'après la loi française, soit d'après la loi musulmane. Le contrat de vente est désormais définitif et doit être exécuté selon les conditions qu'il renferme ; les tiers prétendant des droits de propriété, les ayants cause, tels que : acquéreurs, donataires, antichrésistes, locataires pour une durée de plus 18 années, du vendeur, sont évincés ; seulement, si tout en se présentant après le délai de purge, ils arrivent avant le paiement du prix, ils font valoir leurs prétentions sur ce prix qui est attribué ou distribué selon la nature du droit prétendu. Dans le cas de tiers revendiquants à quelque titre que ce soit, si les revendications sont admises soit amiablement, soit judiciairement, il en résulte que l'immeuble n'était pas dans le patrimoine du vendeur et que celui-ci a vendu la chose d'autrui, d'où la conséquence que les revendiquants sont propriétaires du prix non payé.

Dans le cas d'ayants cause du vendeur, l'attribution du prix est faite suivant les dispositions de la loi musulmane ou de la loi française, selon que les droits réclamés procèdent de l'une ou de l'autre de ces lois.

A cet égard, il ne faut pas oublier que les hypothèques et les priviléges de toutes sortes régulièrement conservés ne sont pas touchés par la purge spéciale du titre III ; que par suite, ils participent à l'attribution du prix avec la préférence légale qui leur appartient.

La disposition de notre loi, relative au droit de suite sur le prix, est reproduite de l'article 31 de l'ordonnance du 1er octobre 1844.

Lorsque les trois mois fixés par l'article 27 sont écoulés, les dépositaires de l'extrait du contrat de vente peuvent refuser et refuseront probablement de recevoir les réclamations que l'on voudrait tardivement produire ; dans ce cas, c'est à l'acquéreur qu'elles devront être adressées, et c'est entre ses mains que l'on devra arrêter le prix dont on poursuivra ensuite l'attribution. Nous pensons même que dans le cas où les revendications seraient reçues, bien que faites tardivement par les dépositaires, il sera toujours nécessaire de les dénoncer à l'acquéreur pour en obtenir le bénéfice.

124. — Si le prix est payé lorsque les revendications sont formulées, le revendiquant n'a plus que l'action personnelle contre le vendeur en dommages-intérêts, restitution de prix, etc. ; et il l'exercera par toutes les voies de droit.

L'action personnelle existe même dans le cas où le prix n'est pas encore payé ; la somme qui représente ce prix n'est qu'un élément de l'actif du débiteur dont la totalité est le **gage du créancier.**

125. — Que le prix ait été payé ou non, du moment où aucune réclamation n'a été faite dans le délai, le droit à la délivrance du titre nouveau est acquis à l'acquéreur.

Le Procureur de la République délivre sur papier libre un certificat constatant l'absence de réclamation, et sur le vu de ce certificat, le service des Domaines établit le titre administratif en la forme déterminée aux chapitres précédents ; ce titre, auquel l'acte de vente est annexé, est enregistré par duplicata (gratuitement puisque le droit proportionnel a déjà été perçu pour la mutation) et mentionné en marge de la transcription de cet acte.

Le nouveau titre forme le point de départ unique de la propriété et crée un droit nouveau au profit de l'acquéreur qui n'a plus qu'à payer son prix ainsi que nous venons de le dire. Ce droit nouveau a absolument le même caractère que celui résultant des titres établis en vertu des articles 18 et 21.

Il est à remarquer que si le contrat de vente est un acte sous-seing privé, il sera nécessaire de remettre deux originaux au Receveur de l'Enregistrement, puisque cet acte doit être enregistré par duplicata.

« Article 31

« La présente loi ne sera provisoirement appliquée
« qu'à la région du Tell algérien délimitée au plan
« annexé au décret du 20 février 1873, sur les circon-
« scriptions cantonales.

« En dehors du Tell, des décrets spéciaux déter-
« mineront successivement les territoires où elle
« deviendra exécutoire. »

SOMMAIRE :

126. *En dehors du Tell, il existe des contrées où l'application de la loi pourra avoir lieu dans un délai
rapproché. C'est ce cas que prévoit le dernier paragraphe de notre article.*

126. — La loi du 26 juillet 1873 ne sera provisoirement appliquée qu'à la région du Tell algérien, déterminée par un décret du 20 février
1873 sur les circonscriptions cantonales, lequel
décret a été rendu conformément à une délibéra-
du Conseil de gouvernement du 19 janvier 1872.

Mais, si en dehors du Tell les mœurs nomades
des populations se prêtent moins à l'assiette de la
propriété individuelle, il y a néanmoins lieu de
tenir compte d'exceptions assez nombreuses pour

que la loi évite de prononcer une interdiction absolue contre la région extra-tellienne.

Le dernier paragraphe de notre article admet virtuellement ces exceptions en disposant que des décrets spéciaux détermineront les territoires situés en dehors des limites du Tell où la loi deviendra exécutoire.

« ARTICLE 32.

« Sont abrogées toutes dispositions antérieures « contraires à la présente loi. »

SOMMAIRE :

127. *Portée et étendue de l'abrogation énoncée en l'article 32, au regard du sénatus-consulte, du décret du 23 mai 1863, et des instructions générales du 11 juin suivant. Dans quelles conditions le sénatus-consulte se concilie avec la loi nouvelle.*

127. — Selon la tradition législative, le dernier article de la loi abroge *toutes les dispositions contraires.*

Rien ne semble plus inoffensif que cette clause qui est, pour ainsi dire, de style. Cependant, la Commission législative dans un premier projet de rapport y avait vu :

1° L'abrogation de l'article 2 de la loi du 16 juin 1851 qui, contrairement au droit français, attribue au Domaine public, en Algérie, tous les cours d'eau, les lacs salés et les sources;

2° Le maintien des articles 19, 20 et 21 de la même loi « qui classent au rang de l'utilité pu- « blique et rangent parmi les cas autorisant l'ex- « propriation, tout ce qui peut être nécessaire « à la colonisation du pays. »

Cette interprétation de la loi nouvelle a été, sans aucun doute, abandonnée, comme elle devait l'être, par la Commission, car le rapport définitif de l'honorable M. Warnier ne la reproduit pas; bien plus, il en contient une autre qui est formulée dans le passage suivant :

« Au terme des travaux de la Commission, une « question s'est posée devant elle.

« Le sénatus-consulte du 22 avril 1863, dont « l'application est suspendue depuis la déclara- « tion de guerre en 1870, est-il abrogé par la « présente loi ?

« S'il n'est pas abrogé, doit-on en reprendre « l'exécution ?

« Si on doit en reprendre l'exécution, y a-t-il « lieu à diviser le travail, comme par le passé, « en deux opérations, ou à procéder simultané- « ment aux deux opérations ?

« Votre Commission, interprète de sa pensée, « émet à cet égard l'avis suivant :

« Le sénatus-consulte du 22 avril 1863 est
« confirmé dans toutes ses dispositions par le
« Titre Ier de la loi actuelle ;

« Le décret du 23 mai 1863 portant règlement
« d'administration publique pour l'exécution du
« sénatus-consulte du 22 avril 1863 et les ins-
« tructions générales du ministre de la guerre
« pour l'application dudit règlement sont abrogés
« par les Titres II et III de la présente loi ;

« Désormais, les diverses opérations prescri-
« tes par l'article 2 du susdit sénatus-consulte
« seront confondues en une seule. Le commis-
« saire-enquêteur, qui procèdera à laconstitution
« de la propriété individuelle, proposera le grou-
« pement en *douars*, et le Préfet statuera, le
« Conseil général préalablement entendu, comme
« en matière de constitution des communes.

« Les *douars-communes* précédemment créés
« par des décrets impériaux sont respectés.

« Déjà, au sein de la Commission sénatoriale
« chargée de l'examen du projet du sénatus-con-
« sulte, une minorité importante avait demandé
« la simultanéité des trois opérations prescrites
« par l'article 2. Ce procédé fut repoussé par
« respect de la possession collective dans la
« plupart des tribus, fait préexistant, disait-on,
« que le sénatus-consulte ne créait pas, mais
« qu'il devait respecter temporairement.

« La loi actuelle, née de la nécessité demon-
« trée par l'expérience de dix années, a pour

« objet unique de créer la propriété individuelle ;
« alors, elle doit, dans l'exécution, s'affranchir
« du passage par la propriété collective.

« Si le Sénat, mieux inspiré, avait adopté
« l'amendement présenté par la minorité de sa
« Commission, la propriété individuelle serait
« aujourd'hui constituée dans un très grand
« nombre de tribus, l'Etat serait en possession
« des biens reconnus vacants ou en déshérence,
« la colonisation pourrait jouir de terres qui res-
« tent improductives, et les indigènes n'auraient
« pas, à deux reprises, à subir les enquêtes de
« deux Commissions, enquêtes qui sèment tou-
« jours plus ou moins d'inquiétude dans le sein
« des tribus. »

Cette partie du rapport parlementaire a besoin
d'une explication.

L'article 1ᵉʳ du sénatus-consulte est maintenu
dans toutes ses parties ; il sert même de base à la loi
du 26 juillet. L'article 2 est aussi maintenu, seulement son exécution n'a plus lieu selon les formes
et conditions de l'article 3, du décret du 23 mai
1863 et des instructions générales du 11 juin suivant, mais bien conformément aux chapitres 1 et
11 du titre 11 de la loi nouvelle. Lesdits articles 3,
décret et instructions, sont donc abrogés. L'article 4 reste entier. Il en est de même de l'article 5,
avec cette réserve que dans les territoires sénatus-consultés, l'Etat n'est plus recevable à reven-

diquer les terres qui ont été régulièrement classées comme melk par les décrets de classement,
à moins qu'il ne s'agisse de melk collectifs non
possédés et d'immeubles étant advenus au Domaine par déshérence ou héritage depuis l'exécution du sénatus-consulte. La première partie
de l'article 6 continue à être en vigueur; la seconde partie, c'est-à-dire celle qui interdit la vente
des terres collectives de culture, par les membres
du douar avant la délivrance des titres de propriété individuelle, est abrogée *(suprà* n° 62*)*.

C'est dans ces conditions que le sénatus-consulte se concilie avec la loi nouvelle.

Arrivé au terme de notre travail, nous voulons
donner une explication sur la manière dont nous
l'avons compris :

Nos anciens jurisconsultes disaient que le *commentaire* d'une loi nouvelle consiste moins à chercher et
à résoudre des *espèces litigieuses* qu'à saisir et à préciser la situation que le législateur veut corriger et
le but qu'il se propose.

Ce qui est vrai pour les lois en général est surtout
vrai pour la loi du 26 juillet 1873 faite pour un pays
encore en pleine voie de formation, et dont l'objet
est la substitution du droit de propriété de nos codes
à la doctrine et aux usages musulmans.

C'est dans cet esprit que nous avons entrepris le
commentaire que nous achevons. Ainsi, interrogeant
l'histoire et l'état de la propriété indigène, nous nous
sommes particulièrement appliqué à fixer les prin-

cipes et la pensée générale de la loi, à simplifier le plus possible les moyens d'exécution et à signaler les quelques imperfections qu'elle peut renfermer en indiquant comment on peut les corriger ou y suppléer par la pratique.

Tout le monde est d'accord pour reconnaître que la loi du 26 juillet 1873, destinée à compléter ce qui a été commencé par l'ordonnance du 21 juillet 1846 et le sénatus-consulte du 22 avril 1863, est, en principe, une loi éminemment utile et même nécessaire à l'Algérie où la question des terres a toujours été une question capitale, primant et dominant toutes les autres; mais beaucoup de personnes, s'en rapportant à un premier examen, ont douté et doutent toujours de son efficacité et même de la possibilité de son application. Ce doute n'est, à notre avis, que le résultat d'une prévention. La loi renferme certainement des défectuosités; il existe même quelque obscurité dans sa rédaction et quelque confusion dans l'ordre de ses articles; mais ces défauts, auxquels la meilleure des lois n'échappe pas, peuvent être amoindris et même disparaître par une interprétation attentive et une application large et éclairée. Nous sommes convaincu qu'à ces conditions la loi du 26 juillet produira les résultats attendus; et nous ajoutons que de tous les services qui doivent rendre chère à l'Algérie la mémoire du regretté M Warnier, le plus important et le plus incontesté sans aucun doute est celui d'avoir provoqué et rapporté cette loi.

Eug. ROBE.

INSTRUCTIONS

POUR L'EXÉCUTION

de la

LOI SUR LA PROPRIÉTÉ[1]

Mon cher Général,
Monsieur le Préfet,

1. La loi du 26 juillet 1873, relative a l'établissement et à la conservation de la propriété en Algérie, est, sans contredit, l'un des actes législatifs qui sont appelés à exercer le plus d'influence sur ce pays, puisqu'il a pour objet de faire sortir la propriété du chaos dans lequel elle est plongée ; d'assurer à l'indigène la libre disposition de ce qu'il possède ; de mettre les acquisitions européennes à l'abri des contestations et des procès dont l'histoire du passé ne nous a légué que de trop nombreux exemples.

Mais la bonne exécution de cette loi dépendra, non pas seulement du zèle des agents qui seront appelés à y prendre part ; elle dépendra également de la méthode qui présidera aux opérations, de la simplicité même de cette méthode qui permettra aux premiers de marcher avec une plus grande certitude au milieu des difficultés que soulèvent l'exécution de la loi du 26 juillet 1873. Je me hâte d'ajouter que, pour que cette loi soit bien appliquée, il est nécessaire qu'une procédure unique et simple préside à son exécution, sous peine de voir les commissaires-enquêteurs du

---

[1] Notre Commentaire était imprimé lorsque ces instructions nous ont été remises.

département de l'Est interpréter dans un sens certaines de ses dispositions, et les commissaires-enquêteurs du département de l'Ouest les interpréter dans un autre.

Les présentes instructions ont pour but de tracer les règles qui doivent présider aux travaux des agents chargés de l'exécution de la loi du 26 juillet 1873; d'indiquer les lignes principales entre lesquelles ils devront se mouvoir; de poser certaines bases qui leur permettront de résoudre la plupart des questions de détail qui ne peuvent être prévues dans une œuvre aussi vaste et aussi compliquée que celle de la constatation ou de la constitution de la propriété indigène. Avant d'arrêter ces instructions, j'ai voulu, comme cela a été fait pour le sénatus-consulte du 22 avril 1863, qu'un certain nombre de commissaires-enquêteurs se rendissent sur le terrain, procédassent à l'exécution de la loi précitée d'après des indications qui ne pouvaient encore être que peu précises, afin que chacun d'eux, agissant un peu d'après son inspiration et à sa manière, il me fût possible, après m'être rendu compte des difficultés et de la marche qu'ils auraient suivie, d'emprunter aux divers systèmes employés les procédés d'exécution qui me paraîtraient les plus rapides, les plus simples, les plus méthodiques.

Mais avant d'aborder la question d'exécution de la loi du 26 juillet 1873, qui fait plus particulièrement l'objet de son Titre II, il est nécessaire de préciser le sens et la portée des *Dispositions générales* qui constituent le titre 1er de ladite loi, car je vois, par les premiers travaux qui me sont parvenus, que ces dispositions n'ont pas été interprétées partout dans le même sens.

TITRE Ier

Dispositions générales

Art. 1er et 2

2. Les articles 1 et 2 de la loi du 26 juillet 1873 posent dus principes dont le commissaire-enquêteur n'a point à en faire application, puisqu'ils sont du ressort exclusif des tribunaux.

Il me suffit donc d'en rappeler ici le texte, me bornant à faire remarquer que le § 1er de l'article 1er et l'article 2 dans son ensemble, sont la conséquence de l'article 3 du Code civil.

Art. 3

3. J'aborde l'examen de l'article 3 de la loi du 26 juillet 1873, base fondamentale de la loi elle-même.

Pour s'identifier à la pensée du législateur, il est absolument indispensable de rompre avec les idées anciennes relativement, soit aux biens *melk* et aux terres *arch* (termes que la loi du 26 juillet a pris soin de ne pas reproduire), soit aux *terrains collectifs de culture*, expressions adoptées pour l'exécution du sénatus-consulte. Il n'y a plus, en effet, pour la loi, ni *melk*, ni *arch*, mais seulement : *la propriété*. Et ce qui prouve que telle a été sa pensée, c'est le passage ci-après du rapport de la Commission parlementaire :

« Au dualisme des mots *melk* et *arch*, nous substi-
« tuons l'appellation générique du mot *propriété*, dont
« la définition, dans notre droit public ne peut donner
« lieu à aucune erreur, en y adaptant, suivant le cas,
« l'un des deux modes de possession exprimés par
« les termes : *privée* ou *collective*. »

Et le rapporteur ajoute :

« Nous faisons disparaître ces deux mots (*melk* et
« *arch)* étrangers à notre langue, non pas seulement
« pour éviter l'écueil d'une interprétation difficile,
« mais pour nous conformer au texte même du § 1er
« de l'article 1er du sénatus-consulte du 22 avril 1863,
« ainsi conçu :

« *Les tribus de l'Algérie sont déclarées propriétaires des*
« *territoires dont elles ont la jouissance permanente et tra-*
« *ditionnelle à quelque titre que ce soit.* »

« En vertu de ce texte très explicite, il n'y a plus,
« en Algérie, de possesseurs au titre *melk* et au titre
« *arch*, mais uniquement des *propriétaires*, quoique
« l'attribution de la propriété *ne soit le plus souvent que*
« *collective.* »

4. La propriété en Algérie est donc *privée* ou *collective*.

Si elle est *privée*, le commissaire-enquêteur la constate, et un nouveau titre de propriété vient l'affirmer,
à moins qu'elle ne repose déjà sur un titre français.

Si elle est *collective*, le commissaire-enquêteur la
constitue par l'attribution aux ayants droit des superficies dont ils ont la *jouissance effective*, et, comme
la propriété privée, elle est affirmée par la délivrance
d'un titre.

5. Il ne faudrait pas induire cependant des mots
propriété *privée* et propriété *collective* qui ont été substitués par la loi du 26 juillet 1873 à ceux employés
par le sénatus-consulte, que ce dernier acte législatif a été modifié par le premier. D'une part, la loi n'a
pas d'effet rétroactif; de l'autre, le rapport de la
Commission parlementaire a pris soin d'affirmer le
contraire, en déclarant premièrement, « que le séna-
« tus-consulte du 22 avril 1863, était confirmé dans

« toutes ses dispositions par le titre 1er de cette loi ; »
secondement, « que le décret du 23 mai 1863 portant
« règlement d'administration publique pour l'exécu-
« tian du sénatus-consulte du 22 avril 1863, et les
« instructions générales du Ministre de la guerre
« étaient seuls abrogés par les titres II et III de la
« loi. »

Il résulte donc de ces extraits du rapport de la
Commission parlementaire :

1° Que le sénatus-consulte n'est point atteint par la
loi du 26 juillet 1873 ;

2° Que les titres II et III de ladite loi remplacent
le règlement d'administration publique du 23 mai et
les instructions du Ministre de la guerre du 11 juin
1863.

6. L'article 2 du sénatus-consulte prescrivait de
procéder administrativement :

1° A la délimitation des territoires des tribus ;

2° A leur répartition entre les différents douars de
chaque tribu ;

3° A l'établissement de la propriété individuelle
entre les membres de ces douars.

Les deux premières opérations ont été effectuées
dans 402 tribus, sur 723 ;

La troisième opération du sénatus-consulte n'a eu
lieu dans aucune.

Il s'agit donc maintenant :

1° Dans les douars sénatus-consultés de procéder
à cette 3e opération ;

2° Dans les tribus non sénatus-consultées, de procéder aux trois opérations. Mais le rapport de la
Commission parlementaire fait remarquer que « dé-
« sormais les diverses opérations prescrites par l'ar-
« ticle 2 du sénatus-consulte peuvent être confon-

« dues en une seule », ce qui revient à dire que la délimitation de la tribu, devant résulter du travail général du commissaire-enquêteur, celui-ci n'a plus qu'à adresser ses propositions pour la répartition en douars du territoire des tribus qui serait reconnu trop considérable. Or, il est évident que ces trois opérations peuvent et, par conséquent, doivent être le résultat d'un travail unique.

Examinons donc successivement les deux situations dans lesquelles le commissaire-enquêteur pourra se rencontrer vis-à-vis des tribus ou douars dans lesquels il aura à opérer :

Ou ces douars ont été sénatus-consultés,

Ou ils ne l'ont pas été.

7. Si le commissaire-enquêteur a à opérer *dans un douar sénatus-consulté,* il se trouvera en présence de territoires à la possession desquels les décrets d'exécution du sénatus-consulte auront reconnu, à l'aide d'une délimitation extérieure embrassant un ensemble d'immeubles, le caractère de *propriété* ou le caractère de *jouissance.* Ce sont les territoires qui ont été classés sous la dénomination :

De groupes *melk ;*

Ou de groupes de terrains collectifs de culture.

La situation de chacun de ces groupes doit cesser :

Pour les premiers, par la reconnaissance, la délimitation et la constatation de chaque propriété privée existant dans le groupe ;

Pour les seconds, par la constitution de la propriété individuelle basée sur la jouissance effective.

8. A l'égard des groupes classés par les décrets d'exécution du sénatus-consulte sous la dénomination de *groupes melk,* le rapport de la Commission parlementaire déclare qu'il y a fait accompli ; que

les revendications de l'État ne sauraient se rouvrir ;
qu'enfin, le Domaine n'avait plus à exercer de droits,
conformément à l'article 539 du Code civil, que sur
les biens vacants ou tombés en déshérence.

D'où il résulte que lorsque le commissaire-enquêteur procèdera *dans un territoire classé comme groupe
melk*, ou pour parler plus exactement *dans un territoire
classé comme groupe de melk*, il n'aura point à recevoir
de revendication préalable de la part du Domaine.
Mais quand, opérant de proche en proche ainsi qu'il
sera dit à l'article 11, il rencontrera un bien sur
lequel aucun individu ne pourra établir son droit de
propriété, il devra, conformément à l'article 12, le signaler au service des Domaines comme bien vacant
le porter sous ce titre et dans son procès-verbal.

Ce mode de procéder est conforme à l'article 5 du
sénatus-consulte qui, s'il « réserve les droits des
propriétaires des biens melk, » ne les réserve qu'à
la charge par ceux-ci de justifier de leur droit à la
propriété.

Il appartient donc au commissaire-enquêteur
opérant dans les groupes classés comme melk par les
décrets d'exécution du sénatus-consulte :

1° De constater les propriétés particulières ou indivises de chaque individu ou de chaque famille ;

2° De délimiter les espaces dont la jouissance est
restée commune à toute la tribu, et qui forment son
domaine privé, en vertu du décret de répartition ;

3° De distraire, au profit de l'État, les biens vacants ou en déshérence.

En un mot, lorsque tout ou partie d'une tribu a
été classée *comme groupe de melk* par un décret d'exécution du sénatus-consulte, cela ne veut pas dire
que toutes les terres sont possédées à titre privatif,
mais que le territoire a généralement le caractère

de propriété privée, qu'il soit formé par un seul bien ou qu'il constitue une agglomération de biens. C'est au commissaire-enquêteur à reconnaître, à délimiter chacune des propriétés faisant partie de l'agglomération et à désagréger ainsi le groupe.

9. En ce qui touche les superficies classées par les décrets d'exécution du sénatus-consulte, *comme terrains collectifs de culture*, c'est-à-dire comme ayant dans une tribu le caractère de terrains de labour, sans que l'appropriation résulte d'un titre, le commissaire-enquêteur devra :

1° Déterminer pour chaque ayant droit les terres dont il a la jouissance effective, afin que cette jouissance soit convertie en propriété définitive;

2° Proposer l'attribution du surplus, par fractions distinctes, au douar-commune à titre de communal *(si le communal déjà délimité est insuffisant)*, ou à l'Etat, comme bien vacant, conformément au § 2 de l'article 3.

10. Que doit être la *jouissance effective* pour entraîner le droit à propriété ? D'un autre côté, le commissaire-enquêteur doit-il ne considérer comme effectivement jouis *dans la propriété collective*, que les terrains mis en rapport et correspondant au chiffre de l'impôt ?

Interpréter ainsi la loi, ce serait se méprendre sur son but et sur son esprit.

La loi du 26 juillet, en respectant absolument *la propriété privée*, indivise ou non, a voulu que, dans les groupes collectifs de culture, l'indigène fût constitué propriétaire de toutes les terres qu'il utilise, soit par ses labours, soit pour ses troupeaux. Par conséquent, il y a lieu, pour le commissaire-enquêteur, de tenir compte des jachères, des terrains de parcours qui sont nécessaires a l'indigène lorsque la tribu ne possède pas de communaux. En un mot, *et il faut que les commissaires-enquêteurs se pénètrent bien de cette pensée* : La loi du 26 juillet 1873 n'a pas eu pour but de dépouiller l'indigène qui a des droits à exercer sur des terrains possédés *collectivement*. Elle a voulu lui accorder tout ce qu'il a prouvé être nécessaire à lui et aux siens.

Mais, en même temps, ces besoins largement satisfaits, la loi a entendu, après que la tribu serait dotée de communaux, si elle n'en a pas; après que ceux qu'elle a, auront été augmentés, s'ils sont insuffisants, réserver à l'Etat, et par conséquent, au peuplement et à la colonisation, tous les terrains dont la non-jouissance par l'indigène prouve qu'ils lui sont inutiles.

11. Examinons maintenant le cas où le commissaire-enquêteur opère *dans une tribu non sénatus-consultée*. Son travail doit résumer les opérations qui auraient incombé à la Commission de sénatus-consulte, et celles de constatations ou de constitution de la propriété. Par conséquent :

1° Préalablement, ou pendant le cours de ses opérations, le commissaire-enquêteur reçoit les revendications du Domaine qui devra lui faire parvenir la liste *des immeubles consignés* sur ses sommiers antérieurement au sénatus-consulte de 1863, ou qui, *non consignés*, sont simplement revendiqués par lui. *Dans le premier cas*, les biens sont définitivement acquis à l'Etat, par application du § 2 de l'article 1er du sénatus-consulte que le Domaine a seul à invoquer à l'appui de sa possession, et comme tels portés sur le procès-verbal, du commissaire-enquêteur; *dans le second cas*, lorsqu'il n'y a pas eu consignation, le Domaine se trouve dans les conditions ordinaires de tout revendiquant. S'il y a contre revendication de la part d'un tiers, le commissaire-enquêteur fera de l'affaire l'objet d'un procès-verbal *spécial*, ainsi qu'il sera dit à l'article 11.

Il est bien entendu toutefois que, sous l'empire de la loi du 26 juillet 1873, pas plus que sous celui du sénatus-consulte, le Domaine n'a à administrer la preuve que l'Etat est propriétaire des massifs forestiers, même non consignés, puisque le § 4 de l'article 4 de la loi du 16 juin 1851, consacré par l'article 5 du sénatus-consulte présume ses droits. C'est donc aux particuliers, qui se prétendraient propriétaires, à contre revendiquer et à introduire l'instance.

2° Comme conséquence de ce qui précède, le commissaire enquêteur :

1° A délimiter la tribu, mais cette délimitation n'aura pas besoin, comme pour l'exécution du sénatus-consulte, d'être l'objet d'une opération distincte, puisqu'elle résultera du plan et de l'ensemble même du travail ;

2° Si la tribu possède un territoire trop considérable pour qu'il soit constitué en un seul douar, le commissaire-enquêteur proposera sa répartition en plusieurs douars, en tenant compte des relations de famille, ou d'intérêts des besoins, des habitudes, etc.

3° Le commissaire-enquêteur est appelé à dégager les biens du domaine public, ceux du domaine de l'État qui sont consignés, les forêts, les biens communaux (terres de parcours, cimetières, etc).

12. Si le commissaire-enquêteur reconnaît que tout le territoire se compose *de propriétés privées*, il les délimitera, en constatera la propriété, procédant conformément à l'article 11.

S'il reconnaît, au contraire, qu'il se trouve en présence de *terrains collectifs de culture*, il constituera la propriété individuelle, par l'attribution aux ayants droit d'un ou plusieurs lots de terre, et cela dans la proportion de la jouissance effective, le tout conformément aux articles 3, § 2 et 20.

Dans le cas, assez fréquent, où il y aura dans une même tribu, mélange de propriétés privées et de terrains collectifs, il agira conformément à l'un ou à l'autre des deux précédents paragraphes.

Quant aux communaux de parcours, le commissaire-enquêteur devra les reconnaître ou les constituer, les délimiter et les porter dans son procès-verbal général avec le numéro qu'il leur aura assigné sur le plan. Il sera même nécessaire que, dans son rapport d'ensemble, il consacre un paragraphe afin d'expliquer de quelle manière il a procédé pour former les communaux.

13. Dans tous les cas dont il vient d'être question soit qu'il s'agisse de douars sénatus-consultés ou non de propriétés privées constatées, ou de terrains collectifs à constituer en propriété individuelle, un nouveau titre, sauf le cas prévu par le § 2 de l'article 2, viendra affirmer la propriété ou la créer. Ce titre, après sa transcription, formera, en vertu du § 4 de l'article 3, le point de départ *unique* de la propriété.

Art. 4

14. En thèse générale, l'indivision, en Algérie comme en France, présente de graves inconvénients, et, si l'on n'y prenait garde, elle pourrait ramener avant peu, en Algérie, par suite de l'absence de partages réels, la situation à laquelle la loi du 26 juillet a pour but de mettre un terme.

Mais cette loi, ayant pour effet d'appliquer à la propriété indigène les règles de la loi française, ne pouvait s'écarter, en matière d'indivision, du principe qu'elle posait. Elle admet donc l'indivision, mais sous la réserve posée par l'article 815, « que nul ne peut être contraint de rester dans l'indivision » et que la convention qui tendrait à suspendre le partage « ne peut être obligatoire au delà de cinq ans, » sauf à être renouvelée.

Art. 5

15. Cet article ne réclame pas d'explications Son exécution reste d'ailleurs en dehors des attributions du commissaire-enquêteur.

Art. 6

16. L'article 6 n'est que le commentaire de l'article 3.

Partout où le commissaire-enquêteur rencontre la propriété *privée*, il l'a constate, et, sauf les cas prévus par le n° 2 de l'article 2, un nouveau titre vient l'affirmer ;

Partout où le commissaire-enquêteur rencontre la *possession collective,* il fait cesser cette collectivité et constitue la *propriété privée* au profit des ayants droit en attribuant le sol *aux unités familiales* existantes, et cela dans la mesure des surfaces dont elles ont la *jouissance effective.*

Art. 7

17. Si la loi a voulu, dans un intérêt général, ramener la *conservation et la transmission contractuelle* de la propriété indigène aux règles de notre législation elle n'a pas voulu modifier le statut personnel garanti aux indigènes par le sénatus-consulte du 14 juillet 1865, et, par conséquent, leurs règles de succession.

TITRE II

De la procédure relative à la constatation de la propriété privée et à la constitution de la propriété individuelle.

18. Je viens d'examiner les dispositions générales de la loi du 26 juillet 1873 dans les parties où elles touchent à l'administration ; je suis entré dans des explications destinées à en préciser le sens, convaincu que je suis de l'impossibilité où seraient les commissaires-enquêteurs d'appliquer sainement ladite loi, s'ils ne se rendaient compte préalablement de la pensée générale du législateur et du but qu'il a assigné à leurs efforts.

J'aborde maintenant ce que j'appellerai le côté pratique de la loi, c'est-à-dire les dispositions de la procédure à suivre pour arriver à la constatation de la propriété privée et à la constitution de la propriété individuelle.

En traçant aux commissaires-enquêteurs les règles de détail de cette procédure dont la loi n'a esquissé que les généralités, je me suis inspiré de cette triple nécessité :

Marcher vite et bien ;

Marcher, d'après des errements simples, en ayant soin d'éloigner de la procédure tout ce qui ne serait pas rigoureusement utile ;

Marcher avec méthode afin que, partout en Algérie, dans le département de l'Est, comme dans ceux de l'Ouest et du Centre, on ne puisse s'écarter des règles précises qu'il est indispensable de suivre, sous peine d'aboutir à un chaos plus inextricable que celui où se trouve la propriété indigène, puisque nous aurions ajouté le désordre à un premier désordre.

Est-ce à dire que dans ces instructions j'aie la prétention de donner aux commissaires-enquêteurs la solution de *toutes* les difficultés qu'ils pourront rencontrer? Nullement. Je n'ai qu'une préoccupation : leur indiquer des règles qui leur permettront de se diriger dans les cas ordinaires.

Si, en cours d'opération, ils viennent se heurter contre quelque difficulté extraordinaire, ils devront m'adresser par votre intermédiaire des rapports sur ces situations exceptionnelles, et provoquer des instructions spéciales.

En agissant ainsi, et avant qu'une année soit écoulée, la jurisprudence administrative sera complètement établie, et les commissaires-enquêteurs pourront marcher vers le but qui leur est assigné, avec d'autant plus de rapidité qu'ils ne seront plus arrêtés par les incertitudes qui naissent de l'inconnu.

CHAPITRE Ier

PROCÉDURE RELATIVE A LA CONSTATATION DE LA PROPRIÉTÉ PRIVÉE

---

19. Au frontispice de cette partie de mes instructions, je tiens à renouveler à tous les fonctionnaires et agents qui sont appelés à prendre part à l'exécution de la loi du 26 juillet 1873, la recommandation d'oublier le sens attribué précédemment à certains

mots, pour interpréter ceux que la loi a employés dans le sens qu'elle leur a donné.

Qu'ils veuillent bien se rappeler notamment :

Que partout où le sol est détenu *privativement*, quand même il serait indivis, le commissaire-enquêteur se trouve en présence de la propriété privée dont il est parlé au chapitre 1er du titre II, et qu'il n'a qu'à constater :

Que partout où le sol est possédé, non pas indivisément, mais *collectivement*, il est en présence de cette propriété mal définie qu'il a pour mission de constituer en propriété individuelle.

Art. 8 et 9

20. Le commissaire-enquêteur n'apparaît pas encore dans l'exécution des articles 8 et 9 de la loi du 26 juillet 1873, exécution qui appartient au Gouverneur général. Il s'agit, en effet, de déterminer les territoires qui seront soumis aux opérations prévues par l'article 6 et de procéder aux publications qui doivent précéder ces opérations.

Cependant, il sera bon que le commissaire-enquêteur, une fois nommé, s'assure personnellement que les publications prescrites ont été faites *dans les lieux et dans les délais voulus,* afin qu'en cas d'omission l'oubli puisse être réparé. Il faut, en effet, éviter de donner prise à la chicane qui pourrait se prévaloir d'un défaut de procédure pour demander l'invalidation des opérations

Art. 10

21 Le rôle du commissaire-enquêteur commence, à proprement parler, avec l'article 10. Cet article donne à cet agent le droit de requérir, soit en original, soit par copies, si les pièces originales ne peu-

vent être déplacées sans inconvénient, les documents qui lui sont nécessaires pour ses opérations, notamment les états de population, les listes qui ont servi dans les dernières années à l'assiette et au recouvrement de l'impôt.

Le commissaire-enquêteur devra, en même temps, se faire délivrer :

1° Par le Service topographique, une copie du plan de la circonscription dans laquelle il va avoir à opérer ;

2° Par le service des Contributions, un extrait du rôle qui pourra être utilement consulté par lui.

Il s'assurera, en outre, quand il aura à operer dans un territoire de droit commun, qu'un arrêté a été rendu conformément à l'article 17 du décret du 29 août 1874, pour punir la désobéissance des indigènes aux injonctions qui leur seront adressées en vue de l'exécution de la loi sur la propriété et leur défaut non justifié d'assistance personnelle à ces opérations. Ces arrêtés devront spécialement prévoir l'obligation, pour les prétendants droit à la propriété, de faire transporter sur leur terrain les pierres nécessaires à la délimitation de leurs lots. L'absence de ces bornes pouvant entraver les opérations du commissaire-enquêteur, *opérations qui sont d'intérêt général*, prolonger la présence des Commissions et faire peser ainsi sur les tribus des dépenses qui leur auraient été évitées si les intéressés s'étaient conformés aux injonctions reçues, les commissaires-enquêteurs ne devront pas hésiter à dresser procès-verbal :

Contre tout indigène absent, sans cause légitime, ou non représenté, lors du bornage de sa propriété ;

Contre tout indigène qui, sans cause légitime, ne se rendra pas à une convocation qui lui aura été adressée ;

Contre tout prétendant droit à la propriété qui n'aura pas fait transporter sur son champ les pierres nécessaires au bornage.

Ces procès-verbaux seront transmis par le commissaire-enquêteur, suivant les cas, au juge de paix ou à l'autorité militaire de circonscription qui prononcera, par jugement ou par voie disciplinaire, les peines édictées par l'art. 17 du décret du 29 août 1874.

C'est en faisant, dès l'origine, *quelques exemples*, que les Commissaires-enquêteurs parviendront à stimuler la négligence des indigènes qui, si elle était tolérée, entraînerait des retards dommageables pour la généralité.

Comme dans tous les cas, les opérations du commissaire-enquêteur *sur le terrain* dépendent du plus ou du moins d'exactitude des intéressés à faire apporter les bornes nécessaires à la délimitation de leurs lots, celui-ci aura le droit de réquisitionner d'avance deux hommes de la tribu, armés d'une pioche et conduisant une bête de somme, pour transporter les pierres destinées à suppléer à celles qui n'auraient pas été amenés préalablement sur le terrain.

Lorsque le commissaire-enquêteur se sera assuré, en outre : .

1° Que l'interprète et le géomètre qui doivent lui être attachés, ont été désignés ;

2° Que les ordres ont été donnés pour que deux chaîneurs, les moyens de transport et les escortes qui lui sont dus ou qui peuvent lui être nécessaires, sont mis à sa disposition ;

3° Que ses moyens de campement sont prêts.

Il rendra l'ordonnance indiquant le jour où il se transportera sur les lieux et s'assurera qu'elle a été affichée en français et en arabe dans les formes voulues par le § 2 de l'art. 10.

Art. 11

22. L'article 11, au point de vue du commissaire-enquêteur, est, sans contredit, le plus important de toute la loi. Il faut maintenant rechercher les moyens d'en assurer l'exécution simple et pratique en se pénétrant de son esprit.

Le commissaire-enquêteur remarquera tout d'abord que la loi n'exige impérativement *qu'un seul procès-verbal d'opérations.*

Ce procès-verbal est celui qui, aux termes de l'article 13, doit être déposé entre les mains du Juge de paix, du Maire et de l'Administrateur français de la circonscription, et qui, d'un autre côté, sera traduit en arabe.

Je le désignerai sous le nom de *procès-verbal général.*

Toutes les opérations du Commissaire-enquêteur doivent donc tendre à réunir les renseignements qui seront consignés dans cette pièce essentielle, les documents annexes ne devant, à vrai dire, en être que des appendices présentant des informations complémentaires propres à bien faire comprendre et à justifier les conclusions du commissaire-enquêteur.

J'ai fixé, de la manière suivante, les renseignements qui devront être portés au procès-verbal général, dans des colonnes spéciales :

1° Le numéro du plan de lotissement;

2° Le nom de la propriété ;

3° L'indication sous le titre de *lieux dits*, de la fraction dans laquelle elle se trouve ;

4° La nature de la propriété (terres de culture, broussailles, rochers, jardins, etc.);

5° La description très-succincte de ses limites, avec la mention exigée par la loi, de deux au moins des tenants de chaque immeuble ;

6° Sa contenance *approximative*, puisque la contenance *exacte* ne sera connue qu'après le travail de
révision ;

7° Les noms des propriétaires, leur domicile et pro-
fession ;

8° La quote-part leur revenant ;

9° Le nom patronymique adopté ;

10° La présence des propriétaires aux opérations,
soit en personne, soit par représentants ;

11° La présence des propriétaires limitrophes, soit
en personne, soit par représentants ;

12° L'origine de la propriété (héritage, acquisition) ;

13° L'indication des oppositions, s'il y en a, et, dans
ce cas, le numéro du procès-verbal spécial dont il
sera parlé ; s'il n'y en a pas, l'absence d'oppositions ;

14° Conclusions du commissaire-enquêteur.

Tels sont les renseignements que devra présenter
le procès-verbal général, renseignements qui seront
réunis, comme il va être dit, soit sur le terrain, au
moment de la délimitation, soit en dehors du terrain,
pendant le travail de révision et de recherche de la
propriété auquel le commissaire-enquêteur devra se
livrer.

23. Il est évident que ce procès-verbal, avant d'acquérir la fixité que comportera la clôture des opérations et la signature du commissaire-enquêteur, aura
dû subir bien des modifications et porter la trace de
nombreux tâtonnements.

Ce n'est donc pas sur le terrain qu'il pourra être
rédigé, mais c'est sur le terrain que seront réunis un
grand nombre des renseignements à y insérer. Je n'ai
pas à me préoccuper de savoir sous quelle forme les
commissaires-enquêteurs recueilleront ces rensei-

gnements; il me suffit qu'il arrivent à les produire.
Je me bornerai donc, à titre de simple recommandation, à leur indiquer celle d'une *main-courante* établie
sur les modèles du procès-verbal général et qui,
en fait, serait la minute même de ce procès-verbal et
se prêterait à recevoir toutes les modifications qui
seraient la conséquence d'informations complémentaires et du travai. de cabinet.

24. Le commissaire-enquêteur sait maintenant à
quelles constatations doit aboutir son travail. Au
jour indiqué par son ordonnance, il se rend sur le
terrain assisté d'un géomètre, de l'interprète qui a
été mis à sa disposition. du maire et de deux délégués du conseil municipal ou de la commission municipale, s'il opère dans une commune de plein exercice, ou dans une commune mixte; du président et
de deux membres de la *djemmâa*, s'il opère dans une
commune indigène, et il commence ses opérations
par l'un des points extrêmes de la circonscription en
ayant soin de les continuer de proche en proche.

Si désirable que soit l'assistance du maire ou d'un
adjoint et de deux délégués du conseil municipal, ou
de la commission municipale aux opérations du commissaire-enquêteur, on ne saurait imposer à ces personnes une pareille obligation pendant une période
de temps qui peut s'étendre à plusieurs mois. Par
conséquent, leur absence ne saurait mettre obstacle à
la continuation des travaux. Cependant, si l'on songe
que les membres de la municipalité peuvent alterner
entre eux, j'espère qu'ils feront tous leurs efforts
pour remplir le vœu de la loi.

25. Le commissaire-enquêteur rendu sur le terrain
invite les propriétaires du lot par lequel il commence
ses opérations, ainsi que les propriétaires des lots

contigus, à se présenter, et les met en demeure d'indiquer les limites de leurs fonds, et de lui donner
les renseignements à consigner dans les colonnes 2,
3, 5. 7, 8 (à titre d'indication pour ce dernier numéro
et si, d'ailleurs, ils le possèdent), 10 et 11 de la
main-courante

Ces opérations, comme toutes celles du commissaire-enquêteur, doivent être faites *avec la plus grande
publicité.*

Si les propriétaires des fonds voisins sont d'accord,
il en fait mention dans la colonne n° 12.

Si, au contraire, en cas de prétentions opposées, il
ne peut parvenir à concilier les parties, il fait établir
d'office les bornes aux places qui lui semblent constituer la vraie limite, sans préjudice du droit pour
tous de consigner leurs observations au procès-verbal,
lorsqu'il sera déposé, et pour les propriétaires à titre
privé, de se pourvoir devant les tribunaux.

Le commissaire-enquêteur fait aussitôt figurer sur
le plan, par les soins du géomètre, les limites du lot
auquel il donne un numéro, et reporter sur le même
plan l'indication des limites prétendues par les ayants
droit.

En même temps, il dresse *un procès-verbal spécial*
pour constater la difficulté, y formule ses conclusions
afin de valoir ce que droit devant les tribunaux, ou
devant moi, s'il s'agit de propriété collective. Ce *procès-verbal* n'est utile, vous voudrez bien le remarquer,
qu'autant qu'une difficulté est soulevée par un intéressé et *qu'elle peut faire prévoir un recours judiciaire ou
administratif*

Lorsqu'il y a accord, le procès-verbal général *suffit.*
et ce serait, par conséquent, surcharger le commissaire enquêteur d'un travail sans objet que d'exiger
de lui des développements détaillés sur des opéra-

tions à l'égard desquelles l'entente existe et qu'il suffit de constater.

S'il y a eu *procès-verbal spécial* dressé sur une contestation il devra porter le numéro du lot auquel il se rapporte et mention en sera faite dans la colonne n° 12 du *procès-verbal général.*

Le commissaire-enquêteur *doit bien se garder pour le moment* de recevoir des déclarations relatives à la propriété de tout ou partie d'autres terrains que ceux qu'il délimite S'il ne procédait avec une méthode rigoureuse, il s'exposerait à de regrettables confusions lorsqu'il arriverait aux lots qui ne sont pas l'objet de ses opérations *actuelles* Il s'y exposerait avec d'autant plus de certitude qu'il arrivera très souvent qu'un même propriétaire n'aura pas droit *à une quotepart égale* dans tous les lots revendiqués.

26. J'ai une autre recommandation à faire au commissaire-enquêteur opérant sur le terrain : *il doit éviter d'y recevoir aucun dépôt de titre*, et s'il est besoin qu'il en consulte quelqu'un comme, par exemple, en cas de contestation de limites, il le rendra de suite à son propriétaire.

Je dirai, plus tard, à quel moment devra s'opérer le dépôt, s'il y a lieu.

27. Lorsque le commissaire-enquêteur a délimité le premier lot, lorsqu'il a consigné les renseignements dont il a été question sur sa main-courante, dressé *procès-verbal spécial* des contestations qui auraient pu se produire sur la question *des limites*, car nous ne sommes pas encore parvenus au moment où les oppositions peuvent se produire sur la question de propriété elle-même, il passe au lot voisin, procédant comme je l'ai dit de proche en proche, et relevant les terrains sur lesquels aucun droit de

propriété ou de *jouissance effective*, n'a été établi. Ces terrains doivent revenir au domaine de l'Etat en qualité de biens vacants, après qu'il aura été satisfait aux besoins de la tribu et du douar comme communaux, *si d'ailleurs*, il n'a pas été pourvu à ces besoins par les décrets d'exécution du sénatus-consulte.

28. Un point de repère manque en ce moment au commissaire-enquêteur. car les revendications portées *sous un même nom* se trouvent éparses *sous différents numéros* du plan de lotissement.

Pour établir ce point de repère, le commissaire-enquêteur devra tenir un carnet *par ordre alphabétique* indiquant les noms *actuels* des chefs de famille revendiquants puisqu'il n'y a pas encore attribution de nom patronymique. En regard de ces noms, *et après chaque vacation*, il fera porter les numéros des lots revendiqués. De cette manière, il aura toujours à sa disposition :

A l'aide du numéro inscrit sur la main-courante, le nom du revendiquant;

Et à l'aide du nom du revendiquant inscrit sur le carnet alphabétique, le ou les numéros des lots revendiqués.

29. Parvenu à ce point de son opération, car je suppose ici la délimitation terminée, le commissaire-enquêteur a réuni une partie des renseignements qui lui sont nécessaires pour rédiger le procès-verbal général. Il lui reste cependant :

1° A recevoir les opérations qui pourraient se produire sur la question de propriété ;

2° A indiquer les ayants droit à la propriété des lots délimités et les quotes-parts revenant à chacun dans la propriété indivise.

Ce travail, à raison de ses détails multiples, pourrait se prolonger outre mesure si le commissaire-enquêteur n'en faisait préparer les éléments.

En conséquence, et au cours même de ses opérations de délimitation, le commissaire - enquêteur invitera les individus qui auront revendiqué des lots, soit en leur nom personnel, soit au nom d'une famille, à se présenter avec les intéressés devant le cadi qui aura pour mission de réunir les éléments du travail du commissaire-enquêteur ·

1° En établissant la liste des individus qui prétendent un droit dans la propriété de chaque lot ;

2° En préparant un tableau *provisoire* des quotes-parts revenant, suivant lui, à chacun dans la propriété indivise.

Que le commissaire-enquêteur ne se méprenne pas toutefois sur le sens de cette prescription. — Elle n'a nullement pour but d'attribuer au cadi le soin de dresser la liste définitive des copropriétaires de lots ou de déterminer les quotes-parts leur revenant. — Elle tend uniquement à donner au commissaire-enquêteur un aide *qui n'a qu'une mission*, celle de dégrossir le travail du commissaire-enquêteur, de lui en présenter les premières bases, car au commissaire-enquêteur *seul* il appartient d'établir officiellemet la nomenclature des ayants droit et la proportion des quotes-parts revenant à chacun.

En dressant ces listes, le commissaire-enquêteur aura soin de s'entourer de tous les renseignements possibles pour éviter que les revendiquants ne suppriment dans leur déclaration les noms de veuves ou de mineurs ayant un droit dans la propriété.

30. La délimitation terminée, le commissaire-enquêteur a à se livrer à un travail des plus délicats

et des plus importants, car le moment est venu pour lui, à l'aide des renseignements réunis par le cadi et du contrôle qui résultera des observations des intéressés, de poser ses conclusions à l'égard :

1° Des terrains revendiqués sans contestation ;

2° Des contestations qui ont pu s'élever entre plusieurs individus revendiquant un lot unique ;

3° Des quotes-parts revenant à chacun des membres du groupe familial dans la propriété indivise.

Pour l'exécution de ce travail qui sera effectué sous la tente ou dans une maison voisine du territoire sur lequel il opère, *le commissaire-enquêteur, agissant toujours avec la plus grande publicité, aura soin de procéder avec l'assistance du cadi.*

S'il n'y a pas de contestation à l'encontre de la prétention élevée par un individu à la propriété d'un lot, il est parfaitement inutile que le commissaire-enquêteur perde son temps à dresser procès-verbal pour établir ce que personne ne dénie. *Il se bornera donc*, dans ce cas, *à constater*, dans la colonne n° 12 l'absence d'opposition.

S'il y a contestation, comme nous sommes ici en présence d'une propriété privée, puisqu'il s'agit de l'article 11, le commissaire-enquêteur n'a pas à trancher le différend qui est de la compétence exclusive des tribunaux, mais il a. comme dans le cas de contestations relatives à des limites, à dresser *procès-verbal spécial* des prétentions des parties et à le terminer par des conclusions, afin d'éclairer, s'il y a lieu, la décision du pouvoir judiciaire.

31. Reste à déterminer les quotes-parts revenant aux propriétaires indivis.

De deux choses l'une :

Ou la fixation des quotes-parts est d'un ordre simple, ne pouvant soulever de discussion, et alors il est inutile d'obliger le commissaire-enquêteur à justifier par des rapports ou des explications qui se traduiraient en dépenses pour la tribu, en supplément de travail pour lui, une situation claire, précise, que les intéressés seront appelés à contrôler lors du dèpôt des pièces ;

Ou, au contraire, la fixation de ces quotes-parts a soulevé des difficultés, ou peut en soulever. Alors la situation change et le commissaire-enquêteur prépare les éléments de la décision judiciaire ou administrative à intervenir, en faisant connaître comment il est arrivé à la fixation des quotes-parts

J'admets même, lorsque le commissaire-enquêteur se trouvera en présence d'une situation embrouillée, d'une propriété à l'origine de laquelle il aura dû remonter pour établir, à l'aide d'arbres généalogiques, par exemple, les droits des propriétaires restés dans l'indivision, j'admets, dis-je, pour ce cas et afin de faciliter aux intéressés la constatation de leurs droits réciproques, qu'il joigne au dossier copie des pièces qui lui auront servi à établir ses conclusions.

Je ne puis, d'ailleurs, que laisser à l'appréciation du commissaire-enquêteur le soin de déterminer pour quelles familles ce complément de renseignements devra être fourni. Il me suffit de dire *qu'en principe* il n'y a utilité *à dresser procès-verbal spécial* que lorsqu'il y a contestation ou sur les limites, ou sur la question de propriété, ou sur la quote-part revenant à chacun dans la propriété indivise ; en un mot, lorsqu'il y a présomption de recours judiciaire ou administratif.

Le numéro du procès-verbal spécial devra toujours être celui du numéro du plan de lotissement.

32. C'est pour cette partie de ses opérations, c'est-

à-dire lorsqu'il se trouve en présence de prétentions différentes, que le commissaire-enquêteur peut utilement recourir aux pièces justificatives. S'il juge utile d'en ordonner le dépôt entre ses mains, il en délivre récépissé, sauf à lui à restituer le plus promptement possible les titres qui lui auront été confiés.

33. Il me paraît surabondant d'appeler l'attention des commissaires-enquêteurs sur l'importance du travail auquel ils doivent se livrer en dehors du terrain, mais j'ai une recommandation à leur faire sur un point de départ de ce travail.

Quelques-uns d'entre eux ont montré une certaine tendance à se substituer absolument au cadi pour la fixation des quotes-parts revenant à chaque copropriétaire dans la propriété indivise. Désireux d'observer la loi dans son sens le plus absolu et de parvenir à une détermination *mathématique* des parts revenant à chacun, plusieurs ont été jusqu'à les traduire par des fractions de *sept chiffres*, l'un d'eux par une fraction de *dix-neuf chiffres* qui, évidemment, ne représentent rien à la pensée.

Est-ce bien là ce qu'a voulu la loi ?

A-t-elle entendu que l'on arrivât à constater un droit abstrait, intraduisible, par une mesure quelconque sur le terrain, même par un millimètre carré ? Evidemment non.

Le commissaire-enquêteur devra donc s'efforcer d'arriver, avec l'assistance du cadi, et en se conformant, autant que possible, aux procédés en usage chez les indigènes, à déterminer la quote part de chacun à l'aide d'une fraction simple se rapprochant de la vérité mathématique.

34. Le § 3 de l'article 11 dispose que le commissaire-enquêteur a seulement *à constater les droits de*

ohaque copropriétaire ou cooccupant, sans déterminer les éléments du partage qui ne pourra être poursuivi qu'après la délivrance des titres. ou plutôt, car c'est ainsi qu'il convient d'interpréter la loi, *qu'après que les titres français de propriété seront devenus définitifs,* conformément au § 2 de l'article 18.

Quelques commissaires-enquêteurs se sont néanmoins posé la question de savoir si, lorsque *tous les ayants droit réclament leur intervention à l'effet de réaliser sans frais un partage réel déjà consenti entre eux,* ils pouvaient prêter leur concours aux intéressés, constater l'accord et délimiter les parts revenant à chacun.

Le but de la loi étant de favoriser la sortie de l'indivision, il me paraît naturel que le commissaire-enquêteur, non-seulement accorde aux intéressés le concours qu'ils lui demandent, mais encore qu'il incite les indigènes à mettre un terme, sans qu'il leur en coûte rien, à une indivision dont la cessation, si elle venait à être réclamée après l'achèvement des opérations, entraînerait pour eux des dépenses considérables, en admettant même que la procédure puisse être rendue moins coûteuse. Le commissaire-enquêteur devra donc, dans le cas d'assentiment donné par les intéressés à leur sortie de l'indivision, procéder à la délimitation des lots, de manière à attribuer à chaque ayant droit la part consentie.

Cette opération deviendra définitive par la non opposition des intéressés au procès-verbal général déposé (article 18, § 2) ou par mon homologation (article 20, § 2), suivant qu'il s'agira d'une propriété privée ou collective.

Art. 12

35. Comme je l'ai dit à l'occasion de l'article 3, il y a lieu de distinguer, pour l'exécution de cet article,

entre les tribus qui ont été sénatus-consultées, et celles qui ne l'ont pas été.

· Dans les douars *sénatus-consultés*, le Domaine n'a plus de revendications à exercer. Le commissaire-enquêteur doit seulement, lorsque dans le cours de ses opérations il rencontre dans un groupe classé comme *melk*, un lot dont la propriété ne pourra être établie, le signaler au Domaine comme bien vacant ou en déshérénce. S'il s'agit d'un terrain appartenant à un *groupe collectif de culture*, il suffit que ce lot ne soit pas joui effectivement pour qu'il soit classé par le commissaire-enquêteur dans le domaine de l'État.

Dans les tribus *non sénatus-consultées*, le Domaine a, au contraire, à exercer les revendications qu'il aurait été appelé à faire lors des deux premières opérations du sénatus-consulte. En conséquence, il doit remettre au commissaire-enquêteur :

1° La liste des biens *portés sur les sommiers du Domaine* qui, *par le seul fait* de cette consignation, et sauf le recours ouvert aux intéressés devant les tribunaux, s'il s'agit d'un bien que l'intéressé prétend posséder à titre privé, sont *présumés* appartenir à l'État, comme ayant été l'objet de la distraction prévue par l'article 1er, § 2 du sénatus-consulte ;

2° La liste des biens revendiqués comme domaniaux, *mais non consignés*, qui, rentrant dans l'ordre ordinaire des contestations, devront faire l'objet d'une action de la part du Domaine, s'ils sont d'ailleurs possédés utilement par un individu.

ART. 13

36. Au moment où il va clore ses opérations, le commissaire-enquêteur, opérant dans une tribu *non sénatus-consultée*, a encore une importante mission à remplir : celle de faire la part des biens auxquels il convient de donner une affectation communale.

20

Il devra prélever ces communaux sur les terrains qui, n'étant l'objet d'aucune jouissance effective, pourraient, à ce titre, revenir à l'État, et en calculer la superficie d'après le chiffre des bestiaux existants et l'augmentation que ce chiffre pourrait raisonnablement comporter. Il serait même bon, si la tribu a une certaine étendue, que ces communaux puissent être constitués en plusieurs groupes, afin de les mettre plus à portée des populations appelées à en profiter.

Les communaux seront délimités, bornés, figurés au plan et inscrits sous un ou plusieurs numéros dans le procès-verbal général.

Il en sera de même des cimetières à classer dans les biens communaux.

37. Les opérations du commissaire-enquêteur, sauf le cas de vérification des réclamations prévu par l'article 16, sont maintenant terminées. Tous les renseignements qu'il devait réunir ont été portés sur sa main-courante qui va devenir son *procès-verbal général;* il a dressé *procès-verbal spécial* des contestations qui ont pu se produire dans le cours de ses opérations et l'a terminé par ses conclusions. Il n'a donc plus qu'à transformer sa main-courante en procès-verbal général, *en suivant l'ordre des numéros qu'il a donnés aux lots,* lors de leur reconnaissance et de leur délimitation. Il y portera, en outre, les biens qui appartiennent au Domaine public, tels que routes, chemins, rivières, abords des sources et fontaines.

Pendant ce travail d'écritures, l'assistance du géomètre est inutile au commissaire-enquêteur; cet agent devra donc être rendu à ses travaux sur le terrain, comme toutes les fois que sa collaboration *spéciale* n'est pas nécessaire. Il est bien entendu, en effet, que le géomètre ne saurait jamais être employé soit aux expéditions, soit aux calculs de quotes-parts, et qu'il ne doit se consacrer qu'aux travaux pour lesquels il est mis à la disposition du commissaire-enquêteur.

38. Pour se rendre compte des propositions des commissaires-enquêteurs, les embrasser dans leur ensemble, les plans dressés au point de vue de la constatation ou de la constitution de la propriété sont insuffisants et prolongent outre mesure l'examen. Il est donc nécessaire qu'à l'appui de chaque dossier soit jointe une carte présentant la réduction au 10,000ᵉ du plan général et l'indication graphique des renseignements ci-apres. On emploiera pour ces cartes les teintes conventionnelles suivantes, afin de désigner les différentes natures de propriété :

Propriétés privées constatées conformément au chapitre 1ᵉʳ du Titre II, teinte plate violet foncé. S'il y a contestation entre plusieurs, substituer, sur la partie contestée, à la teinte plate des hachures de la couleur indiquée.

Propriétés constituées en vertu du chapitre 2, du Titre II, teinte plate jaune. S'il y a contestation entre plusieurs, substituer à la teinte plate des hachures de la couleur indiquée.

Propriétés communales, teinte plate verte.

Propriétés de l'État, teinte plate carmin clair S'il y a contestation, substituer à la teinte plate des hachures de la même couleur.

De cette manière, et par la seule inspection du plan, il sera facile de se rendre compte des conditions de la propriété dans la circonscription représentée, et, à l'aide des numéros inscrits sur les lots, de se reporter au nom des propriétaires et aux mentions qui les suivent *sur le procès-verbal général* où l'on trouvera relatée l'existence des *procès-verbaux spéciaux* qui auront pu être dressés.

39. Le § 2 de l'article 13 veut qu'une traduction du procès-verbal des opérations du commissaire-enquêteur soit faite en arabe et déposée entre les mains du président de la djemâa, de l'adjoint indigène et, à défaut, entre les mains du cadi.

Il est évident que le procès-verbal qui doit être traduit *est le procès-verbal général*. Les procès-verbaux *spéciaux* ne le seront pas, mais on les déposera à l'appui du procès-verbal général qui sera lui-même déposé comme il est dit au § 1er de l'article 13. Les intéressés pourront donc en prendre connaissance.

Je crois inutile de recommander de faire avec le plus grand soin les traductions ordonnées par l'article 13, car elles constitueront la pièce qui sera consultée le plus souvent par les intéressés.

40. J'ai dit, plus haut, que pour que le commissaire-enquêteur pût se retrouver à tout moment au milieu de son travail, il était nécessaire qu'il reportât sur un répertoire et par ordre alphabétique les noms des revendiquants, et, en regard, les numéros des lots revendiqués par eux.

Une copie de ce cahier sera mise à l'appui du procès-verbal général, et une traduction en arabe à l'appui de la traduction dudit procès-verbal.

Ce répertoire est, en effet, la clef de toutes les opérations et de toutes les recherches.

41. La loi n'ordonne, il est vrai, le dépôt du procès-verbal que dans le cas où il s'agit de *constatation de propriétés privées*. Mais, j'ai pensé que si l'article 20 de la loi du 26 juillet 1873 me donne le pouvoir de pro-

noncer sans appel sur les propositions du commissaire-enquêteur, lorsqu'il s'agit de *constituer* la propriété individuelle dans les territoires occupés à
titre collectif, j'allais au devant du vœu de la loi en
exigeant. pour ma propre responsabilité, que le procès-verbal des opérations, *même dans ce dernier cas*
restât déposé pendant trois mois à la disposition
des intéressés qui pourront faire leurs observations
et ne seront ainsi jugés par moi, en Conseil de gouvernement, qu'après que leurs réclamations auront
été entendues.

42 Une dernière recommandation me reste à faire
au sujet du procès-verbal général.

La loi a établi entre la procédure relative à la *constatation* de la propriété *privée* et la procédure relative
à la *constitution* de la propriété *individuelle* qui doit
être substituée à la propriété *collective*, une différence
essentielle : elle confie aux tribunaux la connaissance des oppositions qui se rapportent à la première ; elle me laisse le soin de prononcer à l'égard
des contestations qui peuvent s'elever sur la seconde.
Ma décision devra être naturellement consignée au
bas du procès-verbal du commissaire-enquêteur qui
se trouvera ainsi homologué.

Si ce procès-verbal se résumait *en une seule pièce*, il
en résulterait que ladite homologation pourrait porter sur des propriétés à l'égard desquelles je suis
incompétent, comme sur des propriétés à l'égard desquelles je suis compétent. puisque, très souvent, il
arrivera que les deux natures de propriété se trouveront exister dans un même douar.

Il est donc nécessaire que lorsque le commissaire-
enquêteur rencontrera les deux natures de propriété
dans une même circonscription, il divise son travail
en deux parties :

Dans l'une, seront comprises les propriétés *consta-tées ;*

Dans l'autre, les propriétés *à constituer.*

Toutefois, le numérotage des lots pour l'ensemble de la circonscription sera unique. Il pourra donc y avoir des lacunes de numéros dans la série de *chacun* des deux cahiers composant le procès-verbal général ; mais tout numéro de la série qui ne se rencontrera pas dans l'un des cahiers (propriétés constatées), donnera la preuve qu'il se rencontrera dans le deuxième cahier (propriétés constituées).

Art. 14

43. L'aricle 14 ne comporte aucune explication.

Art. 15

44. La manière dont est rédigé cet article pourrait faire croire que les réclamations qui seront présentées sur le travail du commissaire-enquêteur devront être transcrites *à la suite dudit acte*, et, par conséquent, sur le procès-verbal lui-même.

Tel ne saurait être le sens de la loi et, ce qui le prouve, ce sont les mots qui terminent l'article : *sur un registre coté et paraphé par le commissaire-enquêteur.*

Il est d'ailleurs à considérer que la plupart des observations présentées par les intéressés seront en langue arabe ; que sans traduction, elles seraient lettre morte pour le plus grand nombre ; que s'il fallait ajouter la traduction au texte lui-même sur le procès-verbal, il arriverait à prendre des dimensions considérables.

Il n'y a donc pas lieu de se départir des règles suivies dans toutes les enquêtes : un registre coté et paraphé par le commissaire-enquêteur sera mis à la disposition des réclamants. Chaque réclamation portera un numéro d'ordre et ce numéro sera transcrit dans la colonne 11 du procès-verbal général en regard du numéro du lot objet de la réclamation.

Le délai de trois mois expiré, le registre des réclamations est clos, traduit et annexé au procès-verbal général.

Art. 16

45. Un délai de quinzaine sera suffisant pour le travail de traduction dont il vient d'être question et, par conséquent, au moment où le commissaire-enquêteur se transportera de nouveau sur le terrain, pour vérifier les réclamations, concilier les parties et arrêter définitivement ses conclusions, il aura entre les mains la pièce qui doit servir de base à son examen.

Bien que la loi ne le dise pas, il est évident que le cadi doit assister le commissaire-enquêteur dans cette dernière partie de ses opérations, comme dans la précédente, puisqu'il y a litige, et que, dans ce cas, il peut être très utilement consulté.

Art. 17

46. L'exécution de cet article concerne surtout le service des Domaines. Cependant il est incontestable que ce service ne peut recevoir la mission de faire choisir un nom patronymique à l'indigène, ou de le lui conférer d'office, d'un côté, parce que le nom patronymique devant figurer au procès-verbal du commissaire-enquêteur, doit être, par conséquent, attribué *avant* l'arrivée du dossier entre les mains du Domaine; de l'autre, parce que le Domaine, au moment où il fait son travail, n'est point en communication avec l'indigène et le rédige en dehors de sa participation.

Le commissaire-enquêteur aura donc à s'occuper

de la question des noms patronymiques qu'il peut seul traiter utilement, et le service des Domaines établira les titres d'après les indications données par le commissaire-enquêteur.

Dans tous les cas, au-dessous du nom patronymique, devra figurer entre parenthèses le nom ancien du propriétaire.

Le titre sera remis au chef de la famille, mais tous les ayants droit pourront en réclamer un extrait indiquant la référence au titre original et la quote-part leur revenant dans la propriété.

Au surplus, la question des noms patronymiques devant être traitée à part, je renvoie à un chapitre spécial les explications que j'aurai à donner à ce sujet.

ART. 18

47. L'article 18 ouvre à tous les intéressés, et ce, pendant trois mois à partir de l'avis donné de la remise des titres provisoires, le recours devant les tribunaux contre les opérations du commissaire-enquêteur et les attributions faites sur ses conclusions, mais en tant que ces attributions portent atteinte à *des droits réels*.

Les intéressés n'ont donc qu'à s'en prendre à eux-mêmes, à leur négligence, si leurs droits sont lésés, puisque la loi leur a donné tous les moyens de réclamer. Ils ne peuvent, d'ailleurs, utilement introduire d'action en justice que contre le travail *définitif* du commissaire-enquêteur. Tant qu'ils ont le moyen de réclamer par voie administrative, le recours aux tribunaux leur est fermé dans leur intérêt même et afin de leur éviter des frais.

Vous remarquerez que le § 3 dispose que les titres délivrés forment, à partir de leur transcription, le

point de départ unique de la propriété. C'est donc
en vain, qu'à dater de cette époque, l'indigène vien-
drait réclamer, devant les tribunaux, en vertu de
titres anciens. S'il n'a pas intenté son action dans le
délai de trois mois fixé par le § 1er, il est forclos et
l'opération est définitive.

Le § 4 ne nécessite aucun commentaire.

ART. 19

48. L'exécution de cet article n'intéresse en rien
les opérations du commissaire-enquêteur. Elles sont
terminées lorsqu'il devient applicable

49. J'en ai terminé avec la procédure relative à la
constatation de la propriété privée ; j'ai indiqué aux
commissaires-enquêteurs comment ils devaient appliquer cette partie de la loi.

Je passe maintenant à la procédure relative à la
constitution de la propriété *individuelle*.

CHAPITRE II

DE LA PROCÉDURE RELATIVE A LA CONSTITUTION DE
LA PROPRIÉTÉ INDIVIDUELLE

ART. 20

50. Il convient de rappeler, en tête de ce chapitre,
le sens que la loi a voulu donner aux mots : *propriété
individuelle*.

Je dirai donc que, pour elle, il ne s'agit pas
d'arriver à constituer la propriété par *individu*, mais

bien par *unité familiale*, sauf aux individus qui la composent, à rester dans l'indivision, mais seulement dans les conditions indiquées par l'article 815 du Code civil.

Je ne reproduirai pas ici ce que j'ai dit, à l'occasion de l'article 3, sur les biens possédés à titre collectif par les tribus ou par les douars, suivant qu'ils ont été sénatus-consultés ou non sénatus-consultés. Je ne puis qu'inviter les commissaires-enquêteurs à se reparter aux numéros 7 à 14 des présentes instructions.

51. Du moment où il m'a paru nécessaire, au point de vue de ma responsabilité personnelle, de soumettre, avant mon homologation, les procès-verbaux du commissaire-enquêteur, relatifs à la *constitution* de la propriété individuelle dans une tribu, au même dépôt que les procès-verbaux ayant trait à la *constatation* de la propriété privée, tout ce qui a été dit dans les présentes instructions, à l'occasion des articles 12, 13, 14, 15 et 16, devient applicable aux premiers, l'autorité qui aura à se prononcer sur les litiges *devant seule être différente*.

Il est toutefois à observer que. lorsque le commissaire-enquêteur, en conformité de l'article 16, s'est rendu dans la tribu où il a opéré. pour vérifier les réclamations déposées au registre d'enquête, et faire telles propositions modificatives qu'il jugera convenables, le travail doit être transmis *sans nouveau délai*, avec ses réponses, à mon homologation.

Si je l'approuve, les titres sont alors préparés par le service des Domaines, mais ils ne sont pas provisoires, comme dans le cas de l'article 17; ils sont définitifs conformément au § 2 de l'article 20.

52. Le § 1er de l'article 20 parle de l'établissement

d'un registre terrier. Ce registre devient inutile en raison de la forme donnée au procès-verbal général qui constitue le plus complet des registres terriers et satisfait et au-delà au vœu de la loi.

53. Pour résumer mes observations à l'égard de l'article 20, je dirai que, dès l'instant où les travaux des commissaires-enquêteurs relatifs aux terrains de *propriété collective.* doivent être soumis au dépôt, le commissaire-enquêteur n'a plus qu'à se conformer à tout ce qui a été dit au sujet des articles 8 à 16. Seulement la propriété n'est attribuée aux ayants droit que dans la proportion de leur jouissance effective ; le reste, lorsque les communaux sont ou seront dégagés, devant revenir à l'Etat. Il est d'ailleurs bien entendu que les opérations du commissaire-enquêteur, relatives à cette nature de propriété, échappent à l'action des tribunaux et ne relèvent que de la décision que je prendrai en Conseil de gouvernement.

Art. 21 et 22

54. Les articles 21 et 22 ne se prêtent à aucun commentaire ; leur exécution, d'ailleurs, est en dehors des attributions du commissaire-enquêteur.

Art. 23

55. Cet article, par sa rédaction générale, pourrait faire croire que la loi ne s'applique à aucun bien séquestré. Tel n'est pas le sens qu'il faut donner à l'article 23.

Il y a des tribus qui se rachètent des effets du séquestre moyennant cession de territoires. Ce sont celles-là seulement que l'article a visées.

Quant aux tribus qui se rachètent moyennant argent, elles tomberont sous l'application de la loi du

26 juillet, après la main-levée du séquestre collectif qui pèse sur elles.

ART 24

Sans commentaire.

56. Je n'ai pas davantage à m'occuper dans ces instructions du titre III de la loi du 26 juillet 1873, dont l'application n'intéresse en rien les commissaires-enquêteurs et qui règle, à titre de dispositions transitoires, les précautions à prendre par l'acquéreur qui veut se mettre à l'abri, avant l'application de la loi sur la propriété aux terrains par lui achetés, des contre-revendications qui pourraient se produire.

Je passe donc à la question des noms patronymiques.

NOMS PATRONYMIQUES

57. La loi veut que chaque famille sur la tête de laquelle la propriété aura été constatée ou constituée, devienne attributaire d'un nom qui soit pour tous un moyen de reconnaître son individualité au milieu de la société indigène, comme le titre délivré est un moyen de reconnaître l'individualité de la propriété au milieu du sol algérien.

De ces prémisses, il résulte qu'un nom patronymique spécial ne saurait être donné à chaque membre de la famille, ainsi que l'on fait certains commissaires-enquêteurs, mais qu'un même nom *doit être affecté au même groupe familial, descendant immédiatement de l'auteur commun.*

Examinons donc comment le commissaire-enquêteur devra procéder en matière de collation de noms patronymiques.

58 La famille, ai-je dit, doit être individualisée dans la société par le nom patronymique ;

L'individu le sera dans la famille par le prénom.

De là dérive la nécessité d'un *nom* et d'un *prénom.*

Sans doute il serait préférable de réduire les prénoms à un ou deux, comme aussi de ne pas les réunir par le mot *ben.* Mais j'ai pensé que si telle devait être la tendance pour l'avenir, ce serait, dans la période de transition qui doit suivre la collation d'un nom patronymique, se lancer dans d'inextricables difficultés que de chercher à modifier de fond en comble les dénominations actuelles

J'ai donc pensé que ce qu'il y avait de plus prudent et de plus pratique pour cette période, était de se borner à ajouter simplement un nom patronymique aux noms sous lesquels chaque indigène est actuellement connu et qui constitueraient ainsi leurs prénoms.

L'article 17 de la loi du 26 juillet, veut que le nom patronymique de la famille soit emprunté *autant que possible* à la propriété.

Presque toutes les parcelles de terre, possédées par des indigènes, ayant un nom spécial, il a paru naturel d'attribuer le nom de cette parcelle à la famille qui la détient, ou si la famille en possède plusieurs, le nom de la principale d'entre elles.

59. Il est à noter cependant que la loi ne fait pas une obligation d'emprunter le nom patronymique à la parcelle possédée par l'individu ou par la famille qu'il s'agit de dénommer.

Ce nom pourra donc être emprunté :

A l'un des ascendants ;

Au lieu d'origine :

Au métier ;

Au surnom ;

Au sobriquet, etc.

Ainsi, dans un procès-verbal général, je trouve six individus de la même famille désignés par leur nom personnel (qui doit devenir leur prénom), suivi du nom *Zoubir*. Ce nom, par sa forme même, se prête parfaitement à devenir un nom patronymique et il y aurait tout avantage à le conserver. Le nom patronymique de l'unité familiale serait donc *Zoubir* et les prénoms de ces divers membres seraient les noms personnels *actuels* de chacun d'eux.

Il est bien entendu, d'ailleurs, que les indigènes doivent rester libres dans le choix du nom patronymique qu'ils sont dans l'obligation de prendre.

60. L'une des choses les plus importantes pour le commissaire-enquêteur, est *de bien saisir le point où la véritable unité familiale se forme*, pour attribuer à celle-ci la propriété des superficies effectivement jouies.

Si cette individualisation de la famille a été bien faite, au point de vue de la propriété, la question du nom patronymique devient très simple, car il n'y a plus, pour le commissaire-enquêteur, qu'à attribuer un même nom patronymique à l'ensemble de l'unité familiale sur la tête de laquelle la propriété aura été constatée ou constituée, ses membres devant se distinguer entre eux par l'adjonction d'un prénom au nom fixe.

Que si une fille appartenant à la famille ainsi formée, et ayant des droits à une quote-part dans la propriété, a épousé un étranger, elle ne doit pas moins continuer à être inscrite sous le nom patronymique de la famille d'origine, avec l'adjonction du nom patronymique de son mari, *sic* : Bedra Zoubir, femme de Mohammed Bouras

Si la femme Bedra Zoubir a ensuite divorcé, elle

sera portée avec cette mention : Bedra Zoubir, femme divorcée de Mohammed Bouras.

Si, après avoir divorcé, elle s'est remariée, elle sera portée avec cette mention : Bedra Zoubir, femme divorcée de Mohammed Bouras, remariée à...

De cette façon, le lien qui rattache cette femme à sa famille d'origine ne sera pas rompu et nous arriverons à constituer un commencement d'état-civil à l'aide de la propriété, en attendant que nous puissions l'organiser complètement.

61 Le nom patronymique dévolu à l'individu ou à l'unité familiale sera inscrit par le commissaire-enquêteur dans la colonne n° 9 du procès-verbal général. C'est sous ce nom que le titre sera établi par le service des Domaines (avec mention, entre parenthèses, du nom ancien), indication des ayants droit à la propriété (et de leur nom ancien), ainsi que de la quote-part revenant à chacun.

62. Au moment où le commissaire-enquêteur termine ses opérations, il délivre aux individus portés sur son procès-verbal général, un bulletin sur parchemin.

Ce bulletin, établi *mi-partie en français, mi partie en arabe*, est indispensable, car il est certain qu'avant que le nom patronymique soit passé dans les habitudes du peuple indigène, un long temps s'écoulera, et qu'au lendemain du jour où il lui aura été donné, l'indigène, qui n'y attribuera le plus souvent aucune importance, l'aura déjà oublié.

De là, nécessité de la remise du bulletin sus-mentionné

D'un autre côté, il ne faut pas perdre de vue qu'à partir de l'exécution de la loi sur la propriété, tous les actes, significations, avertissements, notamment ceux relatifs à l'impôt, devant porter le nom patronymique de l'intéressé, le maire, le président de la djemâa, l'adjoint indigène, ne sauraient découvrir les individus ou se reconnaître eux-mêmes au milieu des nouvelles appellations qui bouleverseront les habitudes anciennes, si un tableau, portant en regard le nouveau nom et le nom ancien de l'administré, n'était mis à leur disposition.

Ce tableau, dressé par le commissaire-enquêteur, sera transmis à qui de droit par les soins de l'autorité préfectorale compétente.

63. Une difficulté sérieuse naîtrait de l'établissement des noms patronymiques, si le commissaire-enquêteur ne prêtait l'attention la plus sérieuse au détail suivant :

Un grand nombre d'indigènes sont propriétaires dans plusieurs tribus, douars ou communes, si l'on n'y prenait garde, il arriverait qu'un même individu pourrait avoir plusieurs noms patronymiques.

Je ne vois qu'un moyen de remédier à ce danger.

Le travail du commissaire-enquêteur se divise en deux opérations principales dont l'une, sur le terrain, a pour but la délimitation des parcelles revendiquées et la réunion de premiers renseignements ; dont l'autre faite en dehors du terrain, a pour but le contrôle de renseignements recueillis à la hâte, l'examen des revendications, la fixation des quotes-parts et *la collation du nom patronymique.*

Avant de s'occuper du choix de ce nom, le commissaire-enquêteur demandera à l'intéressé *s'il possède des propriétés en dehors de la tribu, du douar ou de la commune.*

Dans le cas de l'affirmative, il prendra note de la déclaration.

Si le travail d'exécution de la loi sur la propriété *est terminé* dans la circonscription où l'indigène déclare posséder un bien, le commissaire-enquêteur demandera à l'intéressé communication du bulletin de collation de nom qui lui aura été remis, et il inscrira la propriété sous les mêmes nom et prénoms.

Si les opérations du commissaire-enquêteur dans la circonscription dont il s'agit *ne sont pas terminées* (et, dans ce cas, il n'y aurait pas eu remise de bulletin de collation de nom), celui-ci se concertera avec son collègue pour la détermination du nom patronymique à attribuer à l'intéressé, et tous deux inscriront les propriétés sous les mêmes nom et prénoms.

Les présentes instructions ne résolvent pas. il est vrai, la difficulté par rapport aux indigènes propriétaires dans les villes ou dans les territoires soumis à l'exécution de l'ordonnance du 21 juillet 1846, qui possèdent des propriétés dans des circonscriptions où la loi du 26 juillet 1873 est ou sera appliquée.

Cette difficulté soulève la question de l'établissement de l'état-civil ou, tout au moins, de l'obligation à imposer aux indigènes de ces deux catégories d'adopter un nom patronymique. La solution de cette question sera l'objet d'une mesure ultérieure.

RAPPORT D'ENSEMBLE

64. Le travail du commissaire-enquêteur est maintenant terminé. Il en accompagnera l'envoi d'un rapport dans lequel, après avoir fait l'historique succinct de la tribu, il envisagera d'une manière générale la question de propriété dans la circonscription et signalera à mon attention les points difficultueux qu'il a pu rencontrer.

Ce rapport renfermera. en outre, les renseignements suivants :

Si le territoire dans lequel il a opéré a été sénatus-consulté, la date des décrets qui ont approuvé les deux premières opérations ;

Sa superficie ;

Le nombre des habitants propriétaires ;

Le nombre des habitants non propriétaires ;

Le chiffre des troupeaux ;

L'étendue des communaux et la manière dont ils ont été formés ;

La quotité actuelle de l'impôt ;

Les conditions d'existence des habitants ;

Les ressources qu'offre le pays au point de vue de de la culture, de l'élève du bétail, des mines, des forêts, du régime des eaux, etc. ;

Le parti que l'on pourrait tirer des terres domaniales.

65. En terminant ces instructions, je vous prierai, en les adressant aux commissaires-enquêteurs, d'y ajouter deux recommandations :

La première, d'apporter dans toutes leurs opérations le plus grand esprit de conciliation ;

La seconde, d'appliquer toute leur activité a la prompte exécution de la loi du 26 juillet 1873.

Au point de vue des indigènes, cette loi a une importance considérable ; elle n'en a pas une moins grande au point de vue français, car, sans espérer de son exécution les résultats que laisse entrevoir le rapport de la Commission parlementaire relativement aux superficies qui doivent revenir à l'Etat, il n'en est pas moins certain que ce sera un immense bienfait pour l'Algérie que de voir substituer, dans la propriété, l'ordre au désordre ; dans les transactions immobilières, la sécurité au danger de procès sans nombre, et, comme corollaire, l'impôt foncier à des impôts qui ne sauraient présenter une assiette aussi sûre que le premier, aussi en rapport avec la richesse des contribuables.

J'attache donc la plus grande importance à l'exécution la plus prompte possible de cette loi. Je compte entièrement sur vous pour m'aider à atteindre le but que je poursuis.

Recevez, mon cher Général, Monsieur le Préfet, l'assurance de ma considération la plus distinguée.

Le Gouverneur général,
CHANZY.

ERRATA

Page 21, onzième ligne, au lieu de *Donataire,* lisez : DONATEUR.

Pages 42 et 43, les n°° 37bis et 37ter (se rapportant à l'article 3), ont été omis au sommaire. Le sommaire de ces numéros comme celui des numéros 38 et 39, est celui de la table générale.

Page 94, vingt-cinquième ligne, au lieu de 37 bis, lisez 36.

Page 134, vingt-troisième ligne, au lieu de 8, lisez 3.

Page 165, troisième ligne, au lieu de *L'article* 16, lisez : 82. — L'article 16, etc.

Page 183, troisième ligne, au lieu de *Privés,* lisez : GREVÉS.

Page 191, vingt-cinquième ligne, au lieu de *possesseur,* lisez : POSTÉRIEUR.

Pages 204 et suivantes, lorsqu'il y a Conseil *du* gouvernement, lisez : Conseil DE gouvernement.

TABLE DES MATIÈRES

Pages

SOMMAIRE :

SOMMAIRE :

TITRE II. — De la procédure relative à la constatation de la
propriété privée et à la constitution de la propriété individuelle.

SOMMAIRE :

92. Si les tiers sont forclos à partir de l'expiration du délai de trois mois pour sai-

CHAPITRE 2

De la procédure relative à la constitution de la propriété individuelle

SOMMAIRE :

97. Nous arrivons à la procédure relative à la constitution de la propriété indivi-

TITRE III. — Dispositions transitoires

Pages

SOMMAIRE :

113. Caractère de la purge spéciale du titre III.
Contre qui est-elle faite? C'est l'article
27 qui répond à la question. La purge
est faite contre tous ceux qui prétendent des droits de propriété ou de
jouissance d'une certaine nature sur
l'immeuble, tiers ou ayant cause, soit
d'après la loi française, soit d'après la
loi musulmane. Dans quels cas la seule
transcription du titre rend-elle inutile
la purge du titre III ?................. 254

114. Les créanciers hypothécaires et privilégiés ne sont pas compris dans l'énumération des personnes qui sont tenues
de faire valoir leurs droits, conformément à l'article 27 ; ils restent soumis
au droit commun ; et l'acquéreur doit,
à leur égard, s'il y a lieu, faire la purge
prévue par le Code civil.............. 257

115. Résumé des formalités prescrites pour
faire courir le délai de réclamation..... 257

SOMMAIRE :

116 Avis des réclamations doit être donné aux
parties intéressées, sans délai, par le
Procureur de la République. Ce magis-

SOMMAIRE :